AF666979

Trucker-Geschichten

Trucker-Geschichten

Im 17m Sattelzug quer durch Europa

Aufgeschrieben von
Peter Wöllauer
nach den Erzählungen von
Markus Kraus

Bibliografische Information der Deutschen Nationalbibliothek
Die Deutsche Nationalbibliothek verzeichnet diese Publikation in der Deutschen Nationalbibliografie; detaillierte bibliografische Daten sind im Internet über http://dnb.d-nb.de abrufbar.

© 2010 Dr. Peter Wöllauer

Jede Reproduktion des Werkes oder von Teilen davon auf Papier oder in elektronischer Form bedarf der schriftlichen Genehmigung des Rechteinhabers

Umschlagbild: © 2009 Markus Kraus
Illustrationen: © 2010 Sarah Wöllauer

Herstellung und Verlag:
Books on Demand GmbH, Norderstedt

ISBN 978-3-8423-2827-3

Die Verwendung von geschützten Markennamen im Text bedeutet nicht, dass diese Namen frei wären. Sie sind nach wie vor gesetzlich geschützt

Inhalt

Vorwort

Lkw, besonders die großen 40-Tonner, die Sattelzüge die uns auf der Autobahn auf die Nerven gehen, wenn auch sie das Recht in Anspruch nehmen, einen Langsameren zu überholen, sind ansonsten kaum in unserem Bewusstsein. Selten, wenn überhaupt, machen wir uns Gedanken darüber, was es heißt, als Fernfahrer zu arbeiten. Selten, wenn überhaupt, machen wir uns Gedanken darüber, wie sehr unsere moderne, arbeitsteilige Wirtschaft auch von den Leistungen der Fernfahrer mit ihren großen Fahrzeugen abhängt.

Betrachten wir doch einmal so einen Sattelzug von innen, aus der Fahrerkabine heraus. Erleben wir doch mit, welche kleineren und größeren Katastrophen und Skurrilitäten in einem Trucker-Leben so vorkommen. Genau das will dieses Büchlein: Aus der Sicht eines bayerischen Fernfahrers erzählen, was so alles passiert mit Schnee und Hochwasser, mit zu engen Durchfahrten und zu niedrigen Brücken, mit gedankenlosen Mitmenschen und mit findigen Helfern in der Not.

Begleiten wir Markus Kraus, der seit über 20 Jahren Tag für Tag hinter dem Steuer eines schweren Brummis sitzt, damit Betriebe ihre Rohstoffe, Gastronomen ihre Delikatessen und Hersteller ihr Leergut bekommen. Begleiten wir ihn auf seinen Wegen von Palermo bis Stockholm, von Paris bis Moskau.

Die folgenden kurzen Schilderungen sind alle wahre Begebenheiten, an die sich Markus Kraus so wie sie hier erzählt werden, erinnert. Vielleicht lassen uns diese Worte in Zukunft mit etwas mehr Geduld und Verständnis warten, wenn auf der Autobahn ein Brummi einen anderen überholt, oder wenn ein Sattelzug beim Rangieren in einer Stadt die ganze Straße blockiert.

Jetzt aber viel Vergnügen beim Lesen

Neustadt an der Donau, im September 2010

Peter Wöllauer

Einführung für Fachfremde

Der gewerbliche Güterverkehr in Deutschland hat 2009 auf der Straße fast 1,8 Milliarden Tonnen befördert. Insgesamt waren fast eine halbe Million Fahrer unterwegs mit über 380 000 Fahrzeugen.

Um die Sicherheit des Straßenverkehrs zu erhöhen und den Verschleiß der Straßen zu begrenzen, haben sich die Fahrer an eine ganze Anzahl von Auflagen zu halten, die in den verschiedenen Ländern etwas unterschiedlich sind.

Besonders wichtig sind die Lenkzeiten. Ein Fahrer darf in der EU höchstens viereinhalb Stunden am Stück unterwegs sein, dann muss er eine Pause von mindestens 45 Minuten einlegen. Innerhalb von 24 Stunden muss eine zusammenhängende Ruhezeit von mindestens 11 Stunden eingehalten werden, wobei noch gewisse Varianten möglich sind. Ein Fahrer darf in zwei aufeinander folgenden Wochen nicht mehr als 90 Stunden fahren und täglich nicht mehr als 9 Stunden, bis zu zwei mal in der Woche auch 10 Stunden.

Bei polizeilichen Lkw-Kontrollen wird besonderes Augenmerk darauf gelegt, dass die Lenkzeiten eingehalten wurden, dass die vorgeschriebene Geschwindigkeit außerorts von 60 km/h und auf Autobahnen von 80 km/h nicht überschritten wurde. Damit das lückenlos dokumentiert wird, muss jeder Lkw einen funktionierenden Fahrtenschreiber haben, der die Geschwindigkeit lückenlos aufzeichnet. Außerdem ist noch wichtig, dass technisch die Sicherheit gewährleistet ist. Dabei kommen den Reifen und den Bremsen besondere Bedeutung zu. Auch die sachgerechte Sicherung der Ladung gegen Verrutschen und Verlieren wird überprüft.

Fast überall in Europa ist das Höchstgewicht eines Lkw auf 40 Tonnen festgelegt, einige Staaten setzen die Grenze noch niedriger an. Die maximal zulässige Höhe und die maximale Breite und Länge sind ebenfalls durch entsprechende Verordnungen festgelegt. Dies ist nötig, da der Straßenunterbau und vor allem Brücken nur für eine begrenzte Last ausgelegt sind. Die Höhe darf nicht überschritten werden, damit keine Oberleitungen von Bahn und Tram beschädigt werden sowie damit der Lkw unter Brücken und in Durchfahrten durchpasst. Die Länge spielt eine Rolle für scharfe Kurven, vor allem auf schmalen Straßen und die Breite ist auf schmalen Straßen und vor allem Brücken von Bedeutung. Sattelzüge sind 17 Meter lang, maximal 4 Meter hoch und maximal 2,55 Meter breit.

Kran als Wendehilfe

Ich habe in einem Ort in der Nähe von Neapel Bleche zu laden gehabt. Damals habe ich schon ein Navi gehabt, habe auch einwandfrei hingefunden. Es ist gerade Mittagszeit, als ich angekommen bin. In Italien machen sie ja von 12 bis 14 Uhr Pause. Ich bin hineingegangen, da ist keiner da gewesen. Es hat eine Waage gegeben und ein Schild, das Lkw weiter nach hinten geschickt hat. Also bin ich da nach hinten gefahren und da habe ich schon gesehen: Wenn es da nicht noch eine Ausfahrt gibt, dann komme ich da nie mehr hinaus. Da ist eine Laderampe gewesen, zu der ich gefahren bin und dann habe ich die Plane aufgemacht.

So um eins sind die ersten vom Büro gekommen. Und der erste hat die Hände über dem Kopf zusammengeschlagen. Dann ist noch einer gekommen, der hat Deutsch gesprochen: „Jetzt haben wir schon wieder einen," hat er gerufen. „Schon wieder einen?" habe ich gefragt. „Sie kommen da nie mehr hinaus" „Ja, dort wo ich herein gekommen bin, da komme ich nicht mehr hinaus, aber Sie werden doch da hinten eine Ausfahrt haben." Darauf sagt der : „Nein, gehen Sie doch mal da nach hinten, da steht ein Kollege von Ihnen."

Da ist ein Nürnberger dort gestanden, dem haben sie den Auflieger zerlegt, komplett zerlegt und stückweise nach draußen getragen und draußen wieder zusammengebaut. Er hat mir erzählt, dass er schon eine ganze Woche da ist: „Die Italiener sind nicht schneller. Und was machst du da?" „Ich stehe auch da." „Dann können sie mit dir gleich weitermachen."

Ich habe aber das Glück gehabt, dass ich einen Bahnauflieger gehabt habe. Ein solcher hat oben vier Haltepunkte, mit denen man den Auflieger an einen Kran hängen kann, um ihn auf einen Bahnwaggon zu laden. Zufällig ist genau daneben eine Baustelle gewesen, wo das Dach der Kirche erneuert worden ist. Auf dem Turm ist ein tonnenschweres Kreuz gestanden, das hat heruntergehoben werden müssen. Auch ist der neue Dachstuhl auf den Turm zu heben gewesen, der wie ich mich erinnere, 70 Meter hoch gewesen ist. Deshalb ist da ein Kran gestanden, der 100 Tonnen heben konnte. Da habe ich dann abgesattelt und die haben den Auflieger an den vier Haltepunkten an den Kran gehängt und in einer Höhe von vielleicht 50 Metern über vier oder fünf Häuser drübergehoben und wieder auf die Straße gestellt. Vorher haben sie natürlich die Polizei geholt und die Häuser evakuiert. Das ist vielleicht ein Auflauf gewesen! Mit der Zugmaschine bin ich hinausgefahren und habe wieder angesattelt.

Wer die ganze Aktion bezahlt hat, weiß ich nicht. Jedenfalls passieren in Italien besonders viele solche Sachen mit zu engen Ein- und Durchfahrten, mit fehlenden Schildern und falschen Wegen.

Danach habe ich ein Schild gefunden „Für Lkw von mehr als 10 m Länge Einfahrt verboten", aber das habe ich vorher nicht sehen können, denn es ist in einem kleinen Bach gelegen. Entweder hat es der Nürnberger umgefahren gehabt oder es ist schon länger dort gelegen. Der Chef der Firma hat es zunächst gar nicht glauben wollen, dass da kein Schild mehr gewesen ist, doch der Beweis ist im Graben gelegen.

hat der italienisch geschwafelt an der Rezeption – kann auch Französisch gewesen sein, klingt ja alles gleich. Die Rezeptionsdame hat dann deutsch mit mir geredet. Ich habe mich als der Wasserlieferant vorgestellt. Da ist die Frage gekommen: „Tankzug oder Flaschen?“ Als ich „Flaschen“ sage, hat es geheißen, ich soll auf dem Parkplatz umdrehen und rückwärts zum Tor fahren. Da habe ich meine Bedenken angemeldet, dass ich so wohl einige BMW und Mercedes zusammenschieben würde. Doch die haben das organisiert, die ganz schön bauchigen Besitzer sind gekommen und haben ihre Fahrzeuge in Sicherheit gebracht. Dann bin ich zum Tor gefahren und habe warten wollen, bis die abgeladen haben.

Da haben sie mir eröffnet, dass das Abladen wohl mindestens eine Woche dauern wird, weil sie nicht so viel Lagerplatz haben und ich soll mir ein paar schöne Tage machen, das ist schon vereinbart „Wenn das Wetter umschlägt, kann es auch länger dauern“, hat er gemeint. Naja, jetzt bin ich dagestanden in meiner kurzen Hose und meinem verwaschenen T-Shirt in einem noblen Skihotel. Als ich mich dann in meinem Führerhaus zum Schlafen verkriechen wollte, hat er gesagt: „Nein, nein, Sie schlafen im Hotel“; und hat mir einen Zimmerschlüssel überreicht. „Selbstverständlich können Sie auch den Wellnessbereich benutzen“, hat er noch gesagt. Auf meine vorsichtige Frage nach der Bezahlung hat er nur gemeint: „Alles ist frei.“ So habe ich, der Lkw-Fahrer in kurzen Hosen Urlaub unter lauter Millionären, unter Fabrikanten, Schauspielern und Politikern gemacht, Urlaub in einem Edelhotel mit Blick auf die höchsten Gipfel der Schweizer Alpen. Whirlpool, Sauna, Bowlingbahn, Kicker, Dart und so weiter haben mir auf angenehmste Weise die Zeit vertrieben. Nur die Massagen, die habe ich nicht in Anspruch genommen, die sind mir zu verdächtig gewesen, dass das weh tut. Jedenfalls habe ich diese Tage in den Schweizer Bergen wie Gott in Frankreich verlebt, denn natürlich ist auch das Essen ausgezeichnet gewesen.

An einem Morgen komme ich zum Frühstück herunter in meiner kurzen Hose und sehe alle anderen mit Skipullovern bis zu den Ohren und denke mir noch, diese Multimillionäre, die sind doch verrückt. Da redet mich einer an, ein bayerischer Landsmann aus Lichtenfels und ich erkläre ihm, dass ich als der Lkw-Fahrer mit dem italienischen Mineralwasser zwangsweise Urlaub mache. Da meint er: „Heute können Sie aber nicht hinunterfahren.“ „Das muss ich auch nicht“, erwiderte ich. „Na, schauen Sie mal hinaus“, hat er mich aufgefordert. Da bin ich wieder hoch ins Zimmer und habe zum Fenster hinausgeschaut. Hat es doch über Nacht eineinhalb Meter Schnee hingeworfen und es schneite immer noch! Mein Sattelzug war bis Oberkante

Führerhaus voller Schnee. Abzuladen wären jetzt nur mehr ein paar Paletten gewesen, bald hätte ich losfahren können, doch unter diesen Umständen ist daran nicht zu denken gewesen. „Herr Kraus, Sie müssen noch dableiben"; hat es geheißen, „die Polizei hat die Straße gesperrt." Das ist mir unter den gegeben Umständen nicht allzu sehr zuwider gewesen.

Doch neugierig habe ich gefragt, wie denn die Gäste nun herauf und hinunter kommen. „Ja"; hat er mir gesagt, „wir haben einen Winterdienst eingestellt, der hat zwei PS, der kommt immer herauf." Dieser Winterdienst hat sich als zweispänniger Pferdeschlitten entpuppt. Die Gäste haben ihre teuren Autos unten lassen müssen und sind mit dem schellengschmückten Pferdeschlitten gemächlich den Berg herauf gebimmelt.

Zu schneien hat es erst nach fünf Tagen aufgehört. Dann ist zunächst der Parkplatz sauber gemacht worden. Die Autos sind überhaupt nicht mehr zu sehen gewesen. Wo sie gestanden sind, ist nun eine weiße Buckellandschaft vor dem Hotel gewesen. Dann ist aber auch die Straße durch kräftige Schneefräsen bald wieder freigeräumt gewesen und ich habe mich auf den Heimweg machen können. Insgesamt habe ich 15 Tage im Luxus verbracht. Am ersten Tag bin ich gar nicht mehr aus dem Whirlpool herausgegangen, schließlich habe ich zum ersten mal im Leben die Gelegenheit zu so einem Vergnügen gehabt.

Das Hotel bekommt alle drei Monate einen ganzen Sattelzug voll Mineralwasser aus Italien. Vor mir ist schon zu Weihnachten ein Kollege dort gewesen. Der hat drei Wochen oben verbracht und im Hotel Weihnachten gefeiert. Jetzt habe ich auch gewusst, warum mein Kollege am Telefon immer nach dem Wetter gefragt hat. Ich habe ja selbst erlebt, wie diese Bergstraße, die über 2000 Meter Höhe hinaufgeführt hat, in wenigen Stunden unpassierbar geworden ist, wenn König Winter zugeschlagen hat, auch wenn es schon März gewesen ist.

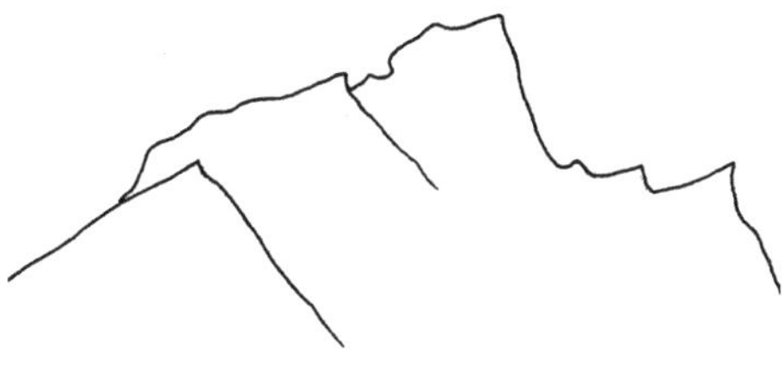

Maschinenlieferung in Eis und Schnee

Es ist mitten im Winter gewesen und ich habe eine Maschine in ein Sägewerk in der Nähe von Miesbach zu liefern gehabt. Ich bin da auf den Platz gefahren, ausgestiegen und als erstes hat es mich auf den Hintern gehaut, da war das blanke Spiegeleis. Ich bin ins Büro hinein, die haben dann den Stapler geschickt, mit Schneeketten drauf, und der hat die Maschine abgeladen und in die Halle hinuntergebracht, wo sie hin sollte, über den glatten Platz.

Ich habe dann gefragt, ob ich rund ums Sägewerk fahren kann, und die haben gesagt: „Ja das geht, dort ist einwandfrei geräumt." Die ersten 30 bis 40 Meter ist es auch kein Problem gewesen, dann bin ich weiter gefahren, und plötzlich sind wir gestanden. Wenn der Wagen leer ist, ist er zu leicht, da greifen auch Winterreifen nicht richtig. Ich bin ausgestiegen und sofort bis über die Knie im Schnee versunken. Ich weiß nicht was die in Oberbayern unter „einwandfrei geräumt" verstehen. Ich habe mir das angeschaut und meine Laune ist im Keller gewesen: So tief im Schnee habe ich keine Chance gehabt, Schneeketten aufzuziehen, und so ist nur übriggeblieben, ungefähr 100 Meter für mein Fahrzeug freizuschaufeln, 100 Meter auf mehr als zwei Meter Breite!

In dem Sägewerk ist ein älterer Herr gewesen, der hat einen Bagger gehabt und der hat gemeint: „Kein Problem, den ziehen wir heraus." Er ist hergefahren, hat meinen Sattelzug angehängt, doch als er angezogen hat, ist auch der Bagger im Schnee gerutscht. Doch als findiger Baggerfahrer hat er eine Lösung gewusst. Er hat die Abschleppkette an seiner Baggerschaufel festgemacht und hat die angehoben, um meinen Sattelzug einen Meter weiter vorwärts zu bewegen, dann hat er die Schaufel gesenkt, ist einen Meter weitergefahren, hat die Schaufel wieder gehoben und mein Gefährt wieder einen Meter vorwärts gebracht. So hat er mir geholfen und mich schließlich wieder flott gemacht. Ist trotz der umständlichen Prozedur wesentlich angenehmer und auch schneller gewesen, als das befürchtete Schaufeln. Die nächste Station war dann Schongau, Papier laden. Wir sind natürlich ziemlich viel später angekommen, als geplant.

Sicherheit über alles

Wir sind drei Lkw gewesen, die von München Spundwände für eine Baustelle in Straßburg zu liefern gehabt haben. Als wir der französischen Grenze näher gekommen sind, haben wir den Polier angerufen. Der hat uns angewiesen, auf dem Autohof in Kehl zu warten, bis er uns anrufen würde, weil auf der Baustelle wenig Platz gewesen ist. Der erste ist dann auf Abruf losgefahren und bald ist der Anruf für mich als den zweiten gekommen. Ich bin hingefahren und bin zu einer sehr belebten Straße mitten in der Stadt gekommen, mit beträchtlichem Fußgängerverkehr und Ampeln. Die Polizei ist auch dort gewesen. Auf der Straße habe ich nicht stehenbleiben dürfen, wegen Gefährdung des Verkehrs beim Abladen, hat die Polizei gesagt. Ich habe auf den Gehweg fahren müssen, einen ziemlich breiten Gehweg. Sie haben ein Schild abmontiert, dann habe ich zwischen den Fußgängerampeln rückwärts auf den Gehweg fahren können. Da habe ich zum Polier gesagt: „Aber der andere war doch auch schon da." Darauf hat er gemeint: „Ja, da ist es einfacher gegangen, der hatte keine Plane und der ist einfach auf der Straße stehen geblieben. Da war die Polizei noch nicht da".

Ich habe dann die Plane aufziehen müssen, was kaum möglich gewesen ist, weil immer Fußgänger vorbei gegangen sind. Dann hat er mit dem Abladen angefangen, dann sind wieder Fußgänger gekommen, dann hat er wieder warten müssen. Ein Polizist ist mit einer Kamera auf der Straße gestanden und hat ganz genau kontrolliert, ob die Spundwände beim Abladen auf die Fahrbahn hinausragen. Das hat nämlich nicht sein dürfen wegen Gefährdung des Autoverkehrs. Mit Ketten an vier Punkten angehängt kann normalerweise nichts passieren, aber die haben sich so angestellt. Ein zweiter Polizist hat den Verkehr geregelt. Vor allem ist es um die Fußgänger gegangen, denn in der Nähe ist auch eine Schule gewesen.

Alles miteinander hat wesentlich länger gedauert als gedacht. Zuerst sollten wir um 9 Uhr in Straßburg sein, doch der Autokran zum Abladen hat sich verspätet, weil er nicht durch den Berufsverkehr gekommen ist. Daher wurde der erste Lkw erst um 10:30 Uhr gebraucht. Der ist aber rasch abgeladen gewesen. Das hat etwa 20 Minuten gebraucht. Bei mir hat es dann mit den speziellen polizeilichen Auflagen ungefähr zwei Stunden gedauert. Wagen drei ist erst ungefähr um 14 Uhr drangekommen. Ich bin dann weiter gefahren und habe noch Kataloge zu laden gehabt, die nach München gegangen sind. Mein Kollege ist noch bis um 17 Uhr an der Baustelle gewesen.

Rolltreppen für Neapel

Die Metropole am Vesuv hat ihr U-Bahnnetz ausgebaut. Dafür sind natürlich jede Menge Rolltreppen nötig. Also sind wir im Konvoi gefahren, drei Kollegen und ich, und haben jeder eine Rolltreppe von 13 Metern Länge und zwei Metern Breite mit einem Gewicht von je 5 Tonnen von Hamburg, wo sie per Schiff aus Schweden angeliefert worden sind, nach Neapel gefahren. Es ist ein schönes Fahren gewesen mit so wenig Gewicht. Es hat einen Kollegen gegeben, der ist vorher schon einmal dort gewesen, den haben wir angerufen. Das heißt, ich habe ihn angerufen, denn die drei Kollegen, mit denen ich gefahren bin, sind Russlanddeutsche gewesen, die nicht gut Deutsch können haben. Der Kollege mit Neapelerfahrung hat uns einen recht seltsamen Rat gegeben: „Einen Stadtplan von Neapel brauchst du dir nicht zu kaufen, damit findest du die Straße nicht. Du findest nicht einmal mit dem Navi hin.“ Das hat mich nun aber doch erstaunt, und ich habe ihn gefragt warum, worauf er gemeint hat: „Weil das genau in der Stadtmitte ist. Am besten ist, du rufst die Polizei. Als wir dann in Neapel angekommen sind, habe ich die Polizei anrufen wollen, aber der Kollege hat gemeint: „Ach was, wir sind doch Lkw-Fahrer, wir finden das schon“, und der andere hat doch einen Stadtplan gekauft. Im Shop sind wir gefragt worden, welchen Stadtplan wir wollten. „Na von Neapel“, haben wir gemeint, doch dann ist gekommen: „Ja, ja, aber davon gibt es fünf, vom Gewerbegebiet, Ost, West, Nord, Süd und von der Stadtmitte.“, und er hat sie uns vorgelegt. Ich habe nach dem Plan vom Gewerbegebiet Ost gegriffen und ihn aufgemacht. Da war ein Verzeichnis dabei, wohl 100 Blatt, alles Straßen, nur vom Gewerbegebiet! Wir haben dann die Karte für die Stadtmitte genommen, wo wir hin müssen haben. Das ist vielleicht eine Karte gewesen! Als ich sie entfaltet habe, ist sie wohl drei Meter breit gewessen und hat das Führerhaus von links bis rechts ausgefüllt und ich habe überhaupt nicht mehr auf die Straße sehen können. Das Ding ist so unpraktisch gewesen, denn ich habe ja genau den Bereich in der Mitte gebraucht, und dazu habe ich die Karte ganz entfalten müssen, eine praktische Patenfaltung wie bei zahlreichen anderen Stadtplänen hat es nicht gegeben. So sind wir in einer Nothaltebuch stehengeblieben und haben uns mit der Karte orientiert, haben die Straße gefunden und sind hineingefahren. Da ist dann so ein Kreisverkehr gekommen, aber in den haben wir nicht so ohne weiteres hineinfahren können, denn er ist zu eng gewesen und wir haben doch weiter ausholen müssen, damit wir da durchkommen und dafür hat der Platz nicht gereicht. Wir sind dann alle vier dort an einer Bushaltestelle stehen geblieben, nachdem die Busse fort gewesen sind. In einer Osteria, einer Kneipe habe ich versucht mich verständlich zu machen mit Brocken wie „Camion" (Lastwagen) und „Centro" (Zentrum) und mit Händen und Füßen um die U-Bahn und die Rolltreppe darzustellen, aber die haben mich nicht verstanden, keiner hat ein Wort Deutsch gesprochen. Weil wir aber verbotenerweise an der Bushaltestelle gestanden sind, ist nach wenigen Minuten die Polizei gekommen und hat uns wegscheuchen wollen. Da unten in Süditalien ist es sehr schwer, jemanden zu treffen, der Deutsch spricht oder auch nur Englisch, die Polizisten sind keine Ausnahme gewesen. Wir haben ihnen die Rolltreppen gezeigt und mit Händen und Füßen klar gemacht, dass wir die U-Bahnbaustelle im Stadtzentrum beliefern müssen. Da hat er uns in die Kneipe geschickt und gemeint wir Fahrer sollten alle einen Espresso oder Cappuccino trinken, dann würden sie gleich da sein und uns führen. Und wie das in Italien halt so ist, die sind nicht die schnellsten, auch nicht die Polizei. Aus dem einen Espresso sind zwei geworden, dann drei und schließlich haben wir schon fünf Espresso im Bauch gehabt, als sie endlich wiedergekommen sind und mir ist schon ganz schlecht gewesen von dem vielen starken Kaffee.

Die Polizei hat eine Dolmetscherin mitgebracht und die hat erklärt, dass sie die Straße sperren werden und wir können dann die Kurve über den Gehweg nehmen. Der Gehweg ist so ungefähr acht Meter breit gewesen und wir haben genügend Platz gehabt, herumzukommen, nachdem ein großes Aufgebot Polizisten alles abgesperrt hat. Damit haben wir die erste Hürde geschafft gehabt. Doch dann ist die Straße immer enger geworden. Und wie das in Italien so ist, sind dann Wäscheleinen gespannt gewesen, von einem Haus zum anderen, quer über die Straße. Das ist ein ganz geniales System. Die Wäscheleine läuft über je eine Rolle an jedem Ende. Die Hausfrauen hängen am Ende die Wäsche auf, machen sie mit Wäscheklammern fest und ziehen die Leine durch die Rollen, damit die Wäsche weiter hinauskommt über die Straße und dort trocknen kann.

Fußgänger wurden durch diese Einrichtung nicht gestört, die Wäscheleinen hingen in einer Höhe von vielleicht 3,50 Metern, doch unsere Gefährte mit ihren knapp vier Metern Höhe passten da nicht durch. Auf meine Bedenken – ich habe den ersten Wagen gefahren, meine drei Kollegen hinter mir – hat unsere Dolmetscherin gesagt, dass das egal ist, wir sollten einfach durchfahren. Da sind wir dann hineingefahren und ich hatte dann die Wäsche überall oben auf dem Lkw: BHs, Schlüpfer, Handtücher usw. und die Leute haben aus den Fenstern zugeschaut, als die Leinen gerissen sind und die Wäsche auf dem Boden gelandet ist.

er wird wohl über 70 gewesen sein, ist mir zu Hilfe gekommen, aufgeregt mit seinem Stock fuchtelnd: „Der Fahrer kann da gar nichts dafür“, hat er zum Polizisten gesagt, „die beiden Mädchen haben ihn völlig abgelenkt, die hätten jeden Mann abgelenkt. Schauen Sie nur, hier haben Sie den Beweis. Ich habe mir wegen der beiden den Cappucino übers Hemd gegossen, so haben die einen abgelenkt.“ Er war vor einer Eisdiele gesessen und hatte dort, mit einem Cappucino in der Hand die Sache mit angesehen und anscheinend bei dem atemberaubenden Anblick mit der Tasse seinen Mund nicht mehr getroffen.

Bis die Ampel repariert gewesen ist – das hat nicht allzu lange gedauert – mussten Polizisten den heftigen Freitagsverkehr an einer ganzen Reihe Kreuzungen den Mittleren Ring entlang regeln. Der Polizist hat mich dann getröstet, und mir erklärt, dass so etwas nicht zum ersten Mal passiert ist. Als ich dann wieder in der Firma zurück gewesen bin, hat mich der Disponent gefragt: „Na Markus, waren sie wenigsten schön die Frauen?“ Der hat das schon gewusst, denn ein Kollege ist ebenfalls mit einer Ladung Bier unterwegs gewesen und der ist auf der anderen Seite der Kreuzung gestanden. Der hat die ganze Geschichte beobachtet. Er hat mich sogar mit der Lichthupe gegrüßt, doch ich habe ihn nicht wahrgenommen, die Mädchen haben meine volle und ganze Aufmerksamkeit in Anspruch genommen. Auch der Disponent hat mich getröstet: „Markus, du warst nicht der erste, dem so etwas passiert ist.“ Am Lkw war nichts kaputt und die Reparatur an der Ampel war auch keine große Sache.

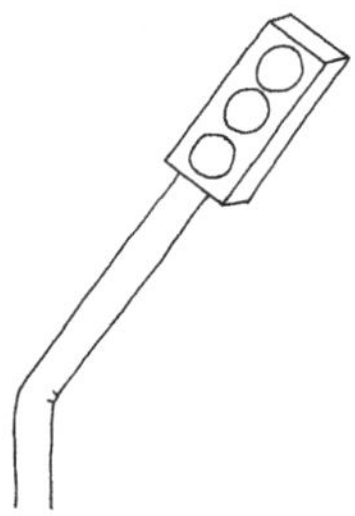

1000 Kilometer ohne Rückfracht

Als ich zum zweiten mal Rollentreppen nach Neapel geliefert habe, sind wir insgesamt vier Lkw gewesen. Die anderen drei haben alle Rückfracht gehabt, einer hat gleich in Neapel Altpapier geladen.

Zu mir hat der Disponent gesagt: „Direkt von Neapel gibt es für dich keine Rückfracht, aber bei Rom werden wir etwas bekommen. Melde dich, wenn du kurz vor Rom bist.“ Ich bin also bis vor Rom gefahren und habe den Disponenten angeklingelt. Er hat mir gesagt: „Die Fracht ist nicht mehr da, melde dich wieder nach deiner Pause, da habe ich vielleicht etwas.“ Nach der Pause habe ich wieder angerufen, immer noch keine Fracht. Ich bin dann weitergefahren und habe 20 Kilometer vor Florenz wieder angerufen. Er hat gemeint, dort unten würde es nichts mehr geben: „Fahre in Richtung Parma, vielleicht laden wir Nudeln in Parma.“ Doch wenige Minuten später ist klar gewesen, auch daraus wird nichts und der Disponent hat mich in Richtung Verona geschickt. (Jetzt bin ich schon fast 500 Kilometer leer gefahren). Als ich mich in Verona wieder gemeldet habe, hat der Disponent gemeint: „Mal schauen.“ Also habe ich nochmals Pause gemacht und habe danach noch eine Stunde fahren können. Das ist nachmittags um drei gewesen. Um vier habe ich nochmals angerufen, da hat geheißen, in Bozen würde ich Ladung bekommen, aber er hat mir die Adresse noch nicht sagen wollen. So bin ich dann bis Affi am Gardasee weitergefahren und habe dort übernachtet, dort habe ich ein Restaurant gekannt.

Am nächsten Morgen um 9 Uhr habe ich den Disponenten angerufen: „Es bleibt bei Bozen, aber wir haben noch keine Adresse, melde dich kurz vor Bozen wieder.“ Ich bin also losgefahren. In Bozen hat es dann geheißen: „Nein, da bekommen wir nichts. Fahre auf den Brenner und mache dort Pause. In Italien bekommen wir nichts, vielleicht in Österreich“.

Am Brenner hat mich dann der österreichische Zoll auf die Waage geschickt und war total erstaunt, mich leer vorzufinden. Auf meine Bemerkung, dass ich schon seit Neapel leer fahre, hat er gemeint: „Das rentiert sich.“

Der größte Witz kam aber dann ein bisschen später. Zuerst habe ich als ich am Brenner gewesen bin den Disponenten angerufen und er hat mir gesagt, ich soll in Matrei auf einen Kollegen warten und mit ihm den Auflieger tauschen. Ich habe also Pause gemacht, einen Kaffee getrunken und einigen Fahrerkollegen meine Geschichte erzählt. Als ich zu meinem Fahrzeug zurückkomme, finde ich zwei Anrufe in Abwesenheit vor. Ich fahre die paar Kilometer zum Treffpunkt in Matrei und rufe zurück. Der andere Disponent sagt mir, ich solle nach Trient und dort Pizzaschachteln laden für München und Nürnberg. Meine Antwort darauf: „Habt ihr noch alle Tassen im Schrank? Weißt du überhaupt, wo ich bin?“ „Du bist doch in Verona.“ „Dort war ich gestern nachmittag um drei, ich stehe in Matrei am Brenner.“ Dann warte ich und rufe dann wieder an. Da erfahre ich, dass ich doch auf den Auflieger warten soll und dass das mit den Pizzaschachteln hinfällig ist.

Ich warte und warte, doch keiner kommt. Ich rufe nochmals den Disponenten an und der sagt mir, der andere Fahrer sei nicht erreichbar, er würde es nochmals versuchen. Ich habe inzwischen in meinem Büchlein nachgeschaut: Der Fahrer auf dem besagten Zug ist ein Aushilfsfahrer gewesen. So habe ich den Kollegen angerufen, der den Zug sonst fährt. Der hat mir gesagt, dass das Telefon des Lastzugs kaputt ist, man kann zwar anrufen, aber der hört nichts, er kann nur von sich aus anrufen. Er hat mir noch die eigene Handynummer des Kollegen gegeben und so habe ich ihn anrufen können. Ich habe ihn gefragt: „Ja wo bist denn du?“ Und er antwortete: „Ich bin da bei Bologna.“ „Wir sollen doch Auflieger tauschen“, erkläre ich ihm“. Er darauf: „Davon weiß ich aber nichts, Ich soll nach Como und dort eine Ladung für Lindau aufnehmen.“ Jetzt bin ich sicher gewesen: Die Disponenten waren völlig übergeschnappt. Warum soll einer mit einer Ladung für Lindau über den Brenner fahren? Das ist doch ein viel längerer Weg. Er hat dann in der Spedition angerufen und nach wenigen Minuten habe ich einen Anruf erhalten: Ich sollte leer weiterfahren nach München und dort Bier laden.

So bin ich also laut Kilometerzähler 1345 Kilometer leer gefahren und den Disponenten ist es nicht gelungen, eine Ladung für mich zu organisieren, obwohl schon zwei Wochen vorher klar gewesen war, dass ich eine Rolltreppe nach Neapel zu bringen hatte und eine Rückfracht gebraucht habe.

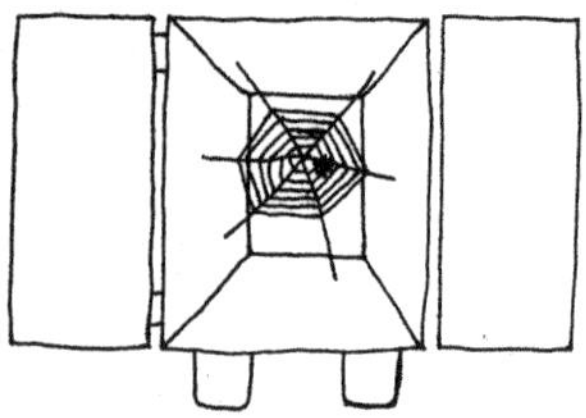

Irrfahrt auf einen Weinberg

Ich habe in Italien Wein laden sollen, an acht Ladestellen. Ich habe vom Disponenten die Adressen bekommen und bin zur ersten gefahren. Als ich dort gewesen bin – es hat damals noch keine Telematik und kein Navi gegeben – bin ich dort in die Post gegangen und habe gefragt, wo ich da den Wein bekommen würde. Der Postbedienstete hat mich auf eine Straße verwiesen und bedeutet, dass das Weingut oben auf dem Berg ist. Da habe ich schon Zweifel bekommen und habe ihn gefragt, ob ich da wohl hoch kommen kann mit meinem langen Gefährt. Mit Deutsch und Englisch ist es uns gelungen, uns zu verständigen. Er hat gemeint, die Busse würden es auch schaffen, also müsste es mir normalerweise auch gelingen. So ganz beruhigend ist das nicht gewesen, denn Busse sind so ungefähr zehn Meter lang, ich habe 17 Meter zu bändigen.

Wie ich befürchtet hatte, sind da auch schon die Schilder gestanden, wie oft in Italien, für Lkw gesperrt. Aber da hat noch etwas drunter gestanden. Ich habe gemeint, das würde wohl heißen „Anlieferung frei," und habe meinen Sattelzug im Schritttempo die steile, schmale Straße in die Höhe manövriert, um enge Serpentinen herum. Als ich einmal hinuntergeschaut habe, ist mir Angst und bang geworden. Hunderte Meter hinunterzufallen mit dem ganzen Sattelzug, das wäre gewiss kein angenehmes Erlebnis. Den Gedanken an die Fahrt wieder herunter habe ich verdrängt und mich darauf konzentriert, erst einmal nach oben zu kommen. Zeitweise ist ein Rad schon halb über dem Abgrund geschwebt. Ich habe inständig auf eine Wendemöglichkeit da oben gehofft, denn eines ist sicher gewesen: Rückwärts würde ich durch die engen Kurven garantiert nicht mehr herunterkommen.

Endlich bin ich oben angelangt. Da ist ein Haus gewesen, da ist der Weinberg gewesen. Es hat sogar in Deutsch über dem Tor gestanden „Weinland". Es ist niemand zu sehen gewesen, ich bin ins Haus hineingegangen und auf eine alte Frau getroffen von vielleicht 80 Jahren. Auf meine Frage nach der Palette Wein hat sie gesagt: „Si, si, bekommen Sie." „Wo soll ich laden?" „Im Hof" „Aber wenn ich da hineinfahre, komme ich nie mehr hinaus." Da hat sie sich gewundert und ich habe sie nach draußen gewinkt. Als sie mein riesiges Fahrzeug gesehen hat, hat sie nur die Hände über dem Kopf zusammengeschlagen und hat gestammelt: „Bruder, Bruder." Sie hat angerufen. Ich habe gewartet und dann ist der Bruder gekommen. Der sagt zu mir: „Sie sind da verkehrt. Diese eine Palette hätten Sie unten in unserem Lager auch

der Situation heraus habe ich ziemlich Sorge gehabt, dass ich wieder einen Unfall bauen könnte. Die Feuerwehr hat dann das Leergut aufgeräumt, natürlich nicht sortiert nach Flaschen von 0,33 l und 0,5 l und die zwei oder drei Kästen Bier die noch bei der Ladung gewesen waren, haben sie als Lohn für ihre Mühe mitgenommen.

Ich habe zunächst gedacht, ich würde am folgenden Montag gar nicht fahren können, doch die Zugmaschine ist noch fahrbereit gewesen und eine Kontrolle des Aufliegers in der Werkstatt hat auch keine Mängel offenbart, nur die Stoßstange ist auszutauschen gewesen. Am Montag bin ich dann zur Brauerei gefahren und habe gleich gebeichtet, dass ich einen Unfall gehabt hatte. Dort haben sie 500 Flaschen in Rechnung gestellt. Die Feuerwehr war dann noch für ihre Arbeit zu bezahlen und der Besitzer der Wiese wegen Flurschaden.

Zusätzlich hat es auf der Gegenfahrbahn einen Folgeunfall gegeben: Eine Frau hatte angehalten, um zu schauen, ob ich Hilfe brauchte, da ist ihr ihr Hintermann hinten drauf gefahren. Daher hat die Straße komplett gesperrt werden müssen.

Die geschrumpfte Brücke und andere Widrigkeiten

Ich bin in Niedersachsen unterwegs gewesen und sollte zum Aufnehmen von Rückfracht vier Ladestellen anfahren. Als erstes habe ich einige Bünde Rundstahl erhalten, die ich ganz vorne geladen habe. Dann sollte ich nach Salzgitter, um dort eine Maschine abzuholen. Ich habe die Adresse ins Navi eingegeben und bin losgefahren. Am Ziel angekommen, ist mir das recht seltsam vorgekommen. Mit der Adressenangabe bin ich in einer 30-er Zone mitten in einem noblen Wohnviertel gelandet, wo überall Edelkarossen bis hin zum Lamborghini vor den Häusern gestanden sind. Maschinen dürften da nicht abzuholen sein, also habe ich einen Mann gefragt, der gerade einen Ferrari poliert hat. Er hat mich zum vorletzten Haus in der Straße verwiesen.

Die dort anwesende Frau hat mir bestätigt, dass ich bei der richtigen Firma bin, aber die Maschine ist da nicht abzuholen gewesen. Sie hat mir die Adresse gegeben und mich darauf aufmerksam gemacht, dass ich nicht die obere Straße nehmen darf, da dort die Durchfahrt für Lkw mit mehr als 10 Metern Länge verboten ist. Ich habe die Adresse ins Navi eingegeben und es hat mich auch richtig auf die untere Straße geleitet, jene die für lange Lkw geeignet sein sollte. So besonders geeignet ist sie allerdings nicht gewesen. Was ich im flachen Niedersachsen nie gedacht hätte: Es hat sogar steile Serpentinen hinunter zum Fluss gegeben mit einer Brücke. Ein Schild hat angezeigt: Maximale Durchfahrtshöhe 4 Meter. Kein Problem für mich, mein Sattelzug ist knapp darunter gelegen.

Doch dann habe ich gesehen, dass die Ränder frisch asphaltiert gewesen sind. In der Mitte ist noch das ursprüngliche Kopfsteinpflaster zu sehen gewesen und am Rand ist es mit frischem Asphalt schräg nach oben gegangen. So habe ich nicht durchfahren können, noch dazu da es sich um eine Bogenbrücke gehandelt hat, wo die Durchfahrtshöhe am Rand einige Zentimeter niedriger gewesen ist. Rückwärts über die Serpentinen wieder nach oben zu fahren, das ist auch unmöglich gewesen, ich bin gefangen gewesen!

Also habe ich die Polizei anrufen und um Hilfe bitten müssen. Als sie nach einer halben Stunde noch nicht da gewesen sind, habe ich sie nochmals angerufen. Da hat sich herausgestellt, dass sie mich auf der anderen Straße gesucht haben, dass sie gedacht haben, dass ich sei so dumm gewesen wäre, auf die für lange Lkw gesperrte Strecke zu fahren. Dass ein Lkw auf der unteren Strecke stecken bleiben könnte, haben sie sich nicht vorstellen können, das war ja noch nie vorgekommen.

Als die Polizei angekommen ist, haben sich die gewundert, dass ich nicht über die Brücke gefahren bin. Da habe ich ihnen den neuen Asphalt gezeigt und das ist etwas ganz Neues für sie gewesen, denn sie haben auch nichts davon gewusst. Sie haben das Straßenbauamt angerufen und die sind auch gekommen und haben ebenfalls nicht gewusst, wer da asphaltiert hatte. Die Polizisten haben als Lösung vorgeschlagen, die vom Bauhof sollten den Asphalt, der die Durchfahrt von Lkw verhindert hat wieder wegschremmen und dann könnte ich über die Brücke fahren. Darauf habe ich gemeint: „Guter Mann, ich soll die Maschine heute noch laden und danach soll ich noch nach Wuppertal." Mir ist als Lösung nur noch eingefallen, die Luft aus den Reifen abzulassen und fast auf den Felgen vorsichtig über die Brücke zu schleichen. Es haben zum Glück nur wenige Zentimeter gefehlt und ich habe erst sehr wenig Ladung gehabt, wodurch dieses Vorgehen eine Chance auf Erfolg geboten hat. Die Polizisten haben gemeint, das würde wohl gehen, denn sie haben ein Kompressor, um die Reifen wieder aufzupumpen. Inzwischen ist auch die Feuerwehr gekommen und die Polizisten und die vom Straßenbauamt haben versucht herauszufinden, wer diese hirnlose Asphaltierung veranlasst gehabt hat.

Inzwischen sind wir ans Werk gegangen. Wir haben die Luft aus allen Reifen gelassen, bis der Sattelzug fast auf den Felgen gestanden ist. Dann bin ich ganz langsam ganz genau in der Mitte, wo ich am meisten Spielraum gehabt habe, über die Brücke gefahren. Es ist auch alles gut gegangen, ohne dass sich die Reifen von den Felgen geschält hätten, was ich befürchtet gehabt habe. Sobald ich das Hindernis überwunden gehabt habe, hat die Feuerwehr mit einem Kompressor von vorne die Reifen der Zugmaschine wieder mit Luft gefüllt und mit einem zweiten Kompressor des Bauhofes von hinten die Reifen des Aufliegers und ich habe weiterfahren können. Im Rückspiegel habe ich dann noch gesehen, dass die vom Bauhof sofort begonnen haben, den hinderlichen Asphalt wegzuschremmen.

Auf diese Weise habe ich bereits zwei Stunden verloren gehabt. Damit sind meine Schwierigkeiten an dem Tag aber noch lange nicht vorbei gewesen. Als ich zu der Firma gekommen bin, habe ich gesehen, dass sie von der vierspurigen Hauptstraße aus nur über eine steile, geschotterte Zufahrt zu erreichen gewesen ist und dass es unten nicht genug Platz zum Wenden gegeben hat, ja dass nicht einmal genug Platz gewesen ist, dass ich zum Laden auf einem ebenen Fleck hätte stehen können. So habe ich Hilfe gebraucht, um auf der belebten Hauptstraße zu rangieren. Der Mann von der Firma hat den Verkehr beruhigt, so dass ich rückwärts in die steile Einfahrt mit 8 Prozent Gefälle habe einbiegen können.

Dann ist er mit einem uralten Stapler angekommen, um die Maschine aufzuladen. Jetzt haben wir das Problem gehabt, dass das Teil relativ weit vorne auf den schräg stehenden Auflieger hat geladen werden müssen, da ich später hinten noch anderes zu laden gehabt habe. Wir haben die Sache so gelöst, dass wir hinten zwei Europaletten übereinandergestellt haben, damit die Maschine seitlich waagrecht auf den schräg stehenden Auflieger hat geladen werden können und er die Gabel des Staplers wieder herausgebracht hat. Als die Maschine gestanden ist, habe ich sie mit Spanngurten so verspannt, das sie nur mit der Vorderkante auf der Ladefläche aufgelegen ist und wir an der Hinterseite die Europaletten haben herausziehen können. Dann haben wir die Maschine durch Nachlassen der Spanngurte langsam auf die Ladefläche abgesenkt und die sperrige Maschine mit sechs Spanngurten für die Fahrt gesichert, normalerweise würde einer reichen. Diese umständliche Prozedur hat natürlich wieder zusätzlich Zeit gekostet und ich habe an dem Tag noch zwei Ladestellen anfahren sollen.

Meine nächste Station ist Wuppertal gewesen, wo ich sechs Paletten Bleche laden sollte. Ein Hinweisschild zeigte an: Tor 1 Warenannahme, Tor 2 Versand. Also bin ich zu Tor 2 und bin dort auf einen Staplerfahrer gestoßen: „Ich soll hier Bleche laden für Ingolstadt.“ „Da bist du hier falsch, du musst zu Tor 1. Fahre hinaus, zur Ampel, dann rechts, da kommt ein kleiner Kreisverkehr und dort wieder rechts.“ Also bin ich wieder in meinen Lkw geklettert und bin seinen Anweisungen gemäß losgefahren. Als ich zu dem Kreisverkehr komme, steht mir da in der Ausfahrt zur Straße ein Lieferwagen im Weg, der eine Panne hat. Er ist aber so dumm dagestanden, dass er sowohl den Kreisverkehr als auch die Straße, die ich entlang fahren sollte, völlig versperrt hat. Die Leute dort haben mir helfen wollen und haben gemeint, ich könnte ruhig über die Insel im Kreisverkehr drüberfahren. Das habe ich auch gemacht und bin aus dem Kreisverkehr zwar draußen gewesen, aber, da ich nicht nachgedacht habe, an der falschen Ausfahrt. Ich sollte ja dort hinaus, wo der defekte Lieferwagen gestanden ist. So bin ich notgedrungen mit einem großen Umweg kilometerweit durch den Stadtverkehr von Wuppertal, wo die meisten Straßen für Lkw gesperrt waren, schließlich zu Tor 1 gelangt. Dort habe ich wieder nach meinen Blechen gefragt. Kein Mensch hat etwas von Blechen für Ingolstadt gewusst, es ist telefoniert worden, doch kein positives Ergebnis. Inzwischen ist es Mittag geworden, seit meiner Ankunft bei der

Spundwände mit dem Bagger abladen

Für eine Bootsanlegestelle sind am Bodensee Spundwände gebraucht worden. Die habe ich von München geliefert. Als ich angekommen bin, war da ein großes Nobelhaus und dahinter die Baustelle der Bootsanlagestelle. Dazwischen war aber noch ein Baum, eine gewaltige, uralte Weide, deren einer Hauptast weit ausladend über den Weg ragte. Der Polier hat mich gleich nach hinten fahren lassen, zu dem Baum hin. Kran haben sie keinen gehabt, sie wollten die Spundwände mit dem Bagger abladen. „Ja, alles klar, habe ich gesagt," wie immer wenn ich meine Zweifel habe. Schließlich sind Spundwände ziemliche sperrige Gebilde aus gewelltem Stahl, 12 Meter lang, also nicht unbedingt leicht.

Der Bagger hat die erste Spundwand zwischen die Backen der Schaufel geklemmt und vom Lkw gehoben. Die ersten Spundwände waren kürzer, nur 6 Meter lang. Die konnten mit dem Bagger problemlos abgeladen werden, aber doch ist mir bei dem Anblick etwas komisch geworden, die großen Stahldinger zwischen die Backen der Baggerschaufel geklemmt. Als dann die erste lange mit 12 Metern an der Reihe gewesen ist, hat er sie noch angehoben, hat dann angefangen zu drehen, um sie neben der Straße abzulegen. Da ist die mehrere hundert Kilogramm schwere Spundwand aus der Baggerschaufel gerutscht, haarscharf an meinem Führerhaus vorbei und hat den über den Weg ragenden Weidenbaum regelrecht geköpft. Der Baum war kaputt, der ausladende Hauptast mit ungefähr 20 Zentimeter Durchmesser war abgetrennt. Kommentar des Poliers: „Endlich ist der Ast weg der hat von Anfang an beim Abladen gestört." Hätte die Spundwand mein Führerhaus erwischt, wäre es total zertrümmert worden. Bei dem Absturz mit gewaltigem Getöse ist mir schon zweierlei geworden!

Für die weiteren Spundwände hat er dann doch eine Kette genommen, die er an der Baggerschaufel festgemacht hat, das war wesentlich sicherer.

Kleinbus im Weg

Zusammen mit einem Kollegen habe ich Spundwände an den Bodensee zu bringen gehabt. Er ist vor mir gefahren und ist schon dort gewesen, als ich angekommen bin. Er ist so seltsam dagestanden. Deshalb bin ich auch stehengeblieben und ausgestiegen. Da ist zwar ein Parkverbotsschild aufgestellt gewesen, trotzdem ist da ein Kleinbus gestanden und hat uns den Weg versperrt, so dass wir mit unseren langen Sattelzügen nicht vorbei können haben.

Wir haben die Polizei angerufen und die Autonummer durchgegeben. Die haben gemeint, sie werden schauen. Wir haben dann selber geschaut und am benachbarten Haus geklingelt, das war so ein Atelier, ziemlich großzügig. „Nein, uns gehört der Kleinbus nicht, der gehört dem anderen, der oben wohnt." Dort hat sich aber nichts gerührt und die Polizei hat auch nicht geholfen. Wir haben aber weiter müssen, wir haben nicht stundenlange warten können. So haben wir uns eben ganz vorsichtig über den Gehweg am Kleinbus vorbeigedrückt, ein paar Büsche mussten allerdings daran glauben.

An der Baustelle hat uns der Polier noch in Schrecken versetzt, da er gemeint hat er müsste meine Ladung zuerst haben, doch das hat sich zum Glück als Irrtum herausgestellt. Dort ist es wieder total eng gewesen. Für die Spundwände hat er nur einen ungefähr drei Meter breiten Streifen gehabt. So haben alle Teile aufeinander gestapelt werden müssen und haben einen Stoß von 13 Metern Länge und anderthalb Metern Höhe ergeben.

Als wir dann zurückgefahren sind, ist schon wieder ein Kleinbus im Weg gewesen, wieder der Fahrer nicht auffindbar. Mein Kollege, der es besonders eilig gehabt hat, hat versucht auf einem anderen Weg zu entkommen, doch bald ist er rückwärts wieder zurückgekommen: Der Weg ist zu schmal für sein 2,50 Meter breites Gefährt gewesen. Dabei hat es noch zusätzlich eine gefährliche Schwierigkeit gegeben: Er hat rückwärts über einen Bahnübergang fahren müssen, und das ist keine ruhige Bahnlinie gewesen, alle paar Minuten ist ein Zug gefahren, alle paar Minuten sind die Bahnschranken heruntergegangen. Inzwischen hat die Polizei dafür gesorgt, dass der Bus auf die Seite geschleppt worden ist und wir haben endlich vorbei können.

Die falsche Adresse

An einem Freitag habe ich für ein Privathaus Dämmmaterial von Rosenheim abzuholen, wo diese Ware aus Italien zwischengelagert gewesen ist, und auf die Baustelle zu liefern gehabt. Wohin war allerdings noch unbekannt. So bin ich Richtung Oberpfalz gefahren und bin nur mehr eine halbe Stunde von zu Hause entfernt gewesen. Da habe ich nochmals den Disponenten angerufen, doch der hat immer noch keine Adresse gehabt. Ich bin nach Hause, habe nochmals angerufen und da hat er eine Adresse gehabt: Das Dämmmaterial ist nach Neukirchen in die Dorfstraße zu fahren gewesen. Ich habe diese Daten in mein Navi eingegeben und festgestellt, dass es eine ganze Menge Neukirchen gibt. Also nochmals Anruf beim Disponenten und er hat mir gesagt, dass ich nach 21640 Neuenkirchen zu fahren habe, also in die Umgebung von Hamburg. Am Freitag ist das nicht mehr zu schaffen gewesen, ich habe dann am Samstag meinen Lkw sauber gemacht und einen angenehmen Sonntag verbracht.

Am Montag bin ich hingefahren, komme zu Mittag an und finde auch glücklich die Dorfstraße, doch an der angegeben Adresse ist keine Baustelle gewesen. Ich habe gefragt, doch der Name der Firma ist unbekannt gewesen. Also habe ich den Disponenten angerufen und ihm gesagt, dass er mich zur falschen Adresse geschickt hat. Ich habe allerdings in dem Wohngebiet nicht stehenbleiben können. Deshalb bin ich zu einer Tankstelle gefahren und habe dort die vorgeschriebene Pause gemacht. Es dauert und dauert. Um 15 Uhr ruft er wieder an und sagt, dass er noch Zeit braucht, um die Frage mit Italien zu klären. Dann um vier ruft der andere Disponent an und eröffnet mir, dass das Material nach 91077 Neunkirchen bei Nürnberg gehört. Der erste Disponent hat sich wohl nicht mehr getraut mit mir zu reden, denn lustig habe ich das nicht gefunden.

So bin ich nach der Pause nach Neunkirchen bei Nürnberg gefahren und dort habe ich die Geschichte erzählt. Haben die gelacht! So bin ich wegen falscher Adresse statt 100 Kilometer 600 Kilometer weit gefahren. Für den Hin- und den Rückweg macht das 1000 Kilometer für nichts wegen einer falschen Adresse.

Tanken in Luxemburg

Es ist ungefähr um das Jahr 2000 gewesen, als der Treibstoff bei uns teurer geworden ist. Deshalb haben wir dann immer, wenn Gelegenheit war, in Luxemburg wesentlich kostengünstiger getankt. Damals bin ich mit Mineralwasser unterwegs gewesen. Wir sind vier Kollegen an der Tankstelle gewesen. Mein Tank war praktisch leer, so leer dass mein Wagen auf der letzten Steigung schon ein bisschen zu Spucken angefangen hat, weil der Motor zu wenig Diesel bekommen hat. Mein Lkw hat einen Tank mit 1000 Litern gehabt, aber die habe ich nicht in einem Mal volltanken können, denn nach 600 Litern hat die Zapfsäule ausgeschaltet und ich bin hineingegangen, um zu bezahlen. Danach habe ich weiter getankt. Wir unterhalten uns so, dann geht der erste Kollege zu seinem Wagen, der Tank ist voll. Dann geht der zweite Kollege hin, auch er ist voll. Nur bei mir kein Anzeichen, dass der Tank voll wird und ich denke mir, da muss ich wohl eine ganz langsame Zapfpistole erwischt haben.

Dann geht mein letzter Kollege zu seinem Wagen, denn er ist vollgetankt. Und dann ruft er: „O je, ich stehe in Diesel!“ „Hast du mit der Zapfsäule herumgespritzt?“ „Nein, ich glaube, das kommt von dir. Ich gehe hin, die Anzeige an der Tanksäule steht auf 465 Liter und mein Tank ist noch immer nicht voll. Was ist da los? Laut Anzeige habe ich bereits 1065 Liter getankt und mein Tank fasst nur 1000 Liter. Der Treibstoffschlauch ist porös geworden und der Diesel hat begonnen auszulaufen. Mein Kollege hat sich sofort unter meinen Wagen geworfen, mitten in die Diesellache, hat den rinnenden Schlauch völlig abgerissen und den Finger in das Loch gehalten, um den Dieselstrom zu stoppen.

Die Feuerwehr ist gekommen und auch das THW aus Deutschland. Mein Kollege ist immer noch mit dem Finger im Loch im Diesel unter meinem Wagen gelegen. Die haben MAN angerufen und der ist bald gekommen. Mein Kollege hat immer noch seinen Finger ins Loch gehalten. Jetzt hat er aber schon geklagt: „Was ist denn los? Wann macht ihr denn endlich etwas, mein Finger ist schon ganz steif.“ Da haben sie einen Stopfen ins Loch getrieben und mein Kollege hat aufstehen können. Meine Güte, hat der nach Diesel gestunken!

Ich habe meinen Wagen zur Seite gefahren, die Tankstelle ist gesperrt und der Diesel mit Ölbinder aufgenommen worden, denn so arg viel ist es dann doch nicht gewesen, meiner Rechnung nach sind 65 Liter ausgeflossen. Von MAN habe ich einen neuen Schlauch bekommen und dann ist die Fahrt weiter gegangen.

Mineralwasser und Hochwasser

Es ist 1999 gewesen, als es in Bayern das schlimme Hochwasser gegeben hat, als an der Donau in Neustadt der Damm gebrochen ist. Ich habe in Frankreich Mineralwasser geladen und bin dann im strömenden Regen unterwegs gewesen.

An einer Straßengabelung ist ein Schild gestanden: „Wegen Hochwasser gesperrt." Das Schild ist aber so dagestanden, dass nicht klar gewesen ist, ob es für die linke oder die rechte Straße gelten sollte. Ich habe entschieden, dass es für die andere Straße gilt und bin weitergefahren. Kilometerweit hat es keine Probleme gegeben, die Straße ist frei gewesen. Dann habe ich aber schon gesehen: Ein Fluss ist über die Ufer getreten und hat die Straße überschwemmt gehabt. Die Feuerwehr ist dagewesen und gleich ist auch die Polizei gekommen Vom anderen Ufer ist ein Feuerwehrmann mit hüfthohen Fischerstiefeln auf meine Seite herüber gewatet. Das Wasser auf der Straße war vielleicht knietief.

Ich habe mich mit dem Polizisten unterhalten, er hat Englisch und ein bisschen Deutsch können. Ich habe ihm erklärt, dass das Schild nicht eindeutig gewesen ist. Er hat geraten, ich sollte wieder zurück fahren. Ich habe dann gemeint, ich könnte doch durchs Wasser durchfahren. Wenn der Mann mit den Stiefeln durchkommt, dann komme ich mit meinem Lkw auch durch. Der Luftfilter liegt ja oben, da kommt kein Wasser hinein. Feuerwehr und Polizei sind schließlich nach einigem Verhandeln und Überlegen einverstanden gewesen. Die Feuerwehr hat mich dann mit einem Abschleppseil vom anderen Ufer aus angehängt, damit sie mich herausziehen können, sollte der Motor doch Wasser schlucken.

Ich bin also losgefahren und durch das Wasser, das mittlerweile schon ein Stück tiefer war als vorhin als der Mann durchgewatet war. In der Mitte ist es ein bisschen kritisch geworden. Trotz meiner Ladung von 24,5 Tonnen Mineralwasser hat die Strömung an der tiefsten Stelle den Auflieger merklich zur Seite gedrückt, so dass er zu schwänzeln anfing. Gut dass ich da mit der Zugmaschine schon wieder auf dem Trockenen war. Ich bin gut durchgekommen, zum Glück. Noch ein bisschen später wäre ich überhaupt nicht mehr durchgekommen, denn das Wasser ist stetig weiter gestiegen. Dem Feuerwehrmann, der dann nochmals durchgewatet ist, ging das Wasser bis zum halben Oberschenkel. Inzwischen hat die Polizei auch das Schild der Straßensperre unmissverständlich aufgestellt gehabt.

Eine Rutschpartie

Einmal habe ich im Winter mehrere Baumärkte im östlichen Oberbayern mit Brettern zu beliefern gehabt. An dem Tag hat es ziemlich geschneit. Das meiste habe ich bereits geliefert gehabt, es ist ungefähr drei Uhr nachmittags gewesen und ich habe noch nach Traunstein und Bad Reichenhall müssen. Ich habe an dem Tag nur noch nach Traunstein und dort im Gewerbegebiet stehen bleiben und übernachten wollen.

Es hat heftig geschneit, die Straße ist schneebedeckt gewesen, Markierungen sind nicht mehr zu sehen gewesen und im Radio ist immer von Schneeketten die Rede gewesen. Plötzlich merke ich, dass ich aufs Bankett geraten bin, da sind auch schon die ersten zwei Begrenzungspfosten geflogen. Herumreißen habe ich das Fahrzeug nicht wollen, denn dann hätte der Auflieger quer daher kommen können, überhaupt bei der glatten Straße, und das hätte für jeden Gegenverkehr tödlich sein können. So bin ich am Rand entlang gerutscht, den Bahndamm hinauf, habe einen Spiegel abgebrochen und eine Telefonleitung, die da entlang gegangen ist, zerrissen und bin dann im Schnee liegengeblieben.

Dann ist ein Eisenbahnzug gekommen, der hat mit voller Kraft abgebremst und ist ganz langsam in einem Abstand von 20 Zentimetern am Auflieger vorbeigefahren, bevor er zum Stehen gekommen ist. Als der gekommen ist, haben um mich her plötzlich blaue Funken gesprüht, so dass ich mich nicht getraut habe, auszusteigen, denn Strom kann tödlich sein. Die Telefonleitung hat sich nämlich an meiner Sonnenblende verhakt gehabt und der Zug hat das andere Ende mit der Oberleitung in Kontakt gebracht, und das hat die Funken verursacht.

Das THW hat dann mit einer isolierten Stange das Telefonkabel aus der Oberleitung entfernt und der Zug hat weiterfahren können und ich aussteigen. Als ich mir das angeschaut habe, habe ich gesehen, was für ein Glück ich gehabt habe, dass der Damm dort war. Ohne den Damm wäre ich wahrscheinlich umgefallen. Ich habe bei dem Unfall nicht einmal die Ladung verloren, es ist ja nicht mehr viel gewesen, vielleicht zwei Tonnen oder so. Allerdings ist der Sattelzug bis zu den Achsen im Dreck gesteckt.

Der erste Versuch, den Lkw auf die Straße zu ziehen ist gescheitert. Das THW ist mit einem Unimog angerückt und hat versucht mich mit einer Schleppstange auf die Straße zu ziehen, doch mein Fahrzeug hat sich keinen Millimeter gerührt. Nur die Räder des Unimog haben sich auf der schneeglatten Straße durchgedreht. Mit schwererem Gerät und Unterstützung durch Schaufeln haben sie dann ein bis zwei Meter geschafft. Zum Glück ist dann ein Bauer gekommen mit einem gewaltigen Traktor, der Schneeketten hinten drauf hatte. Einsilbig hat er gefragt: „Problem?" „Wir kriegen den Sattelzug nicht heraus!" Als Urbayer hat er nur gesagt: „Kein Problem, den haben wir nullkommanix heraußen!" Ich habe mich in mein Fahrzeug gesetzt, den Motor angelassen und den Gang eingelegt, um mithelfen zu können. Er hat die Schleppstange angehängt und dann Gas gegeben und mit seinem Traktor angezogen. Aber schon so hart hat er angerissen, dass ich geglaubt habe, er reißt mein Führerhaus auseinander. Tatsächlich war der Sattelzug in einem Augenblick wieder auf der Straße. Dann hat der Bauer gemeint: „Das ist eben ein richtiges Fahrzeug, nicht so ein Kinderspielzeug wie eures."

Am Sattelzug ist nichts kaputt gewesen, nicht einmal die Stoßstange, nur der rechte Spiegel war abgebrochen. Mit dem THW gemeinsam habe ich die Reifen sauber gemacht und danach den Disponenten angerufen. Der hat mich gleich in die Werkstatt geschickt. Ich bin in die nächste Lkw-Werkstatt gefahren, es war nicht weit, und dort bin ich in die Halle dirigiert worden. Zwei Meter vor der Halle drehen sich meine Räder durch, ich lege die Handbremse ein, in dem Augenblick rutscht mein Zug zurück und trifft auf Widerstand. Ich habe zuerst gedacht, dass ich in einen Schneehaufen geraten wäre, aber als ich aussteige sehe ich, dass ich einem rumänischen Kollegen ganz hinten in den Auflieger gefahren bin und seine Plane beschädigt habe, ohne dass bei mir der kleinste Kratzer gewesen ist. Er hat in seinem Wagen geschlafen, weil er auf Ersatzteile hat warten müssen. Diesen Sattelzug habe ich vorher gar nicht gesehen gehabt, rechts bin ich ohne Spiegel ja blind gewesen.

Nach der Reparatur und dem ganzen Papierkram bin ich zu einem Gasthof gefahren und habe dort übernachtet. Am nächsten Tag habe ich den Disponenten benachrichtigt, dass ich noch einen zweiten Unfall gehabt habe, die Konsequenzen sind aber nicht schlimm gewesen.

Schneeketten – oder doch nicht?

Mit Papier für Mailand habe ich über den Fernpass in Tirol müssen. Vorher habe ich noch direkt hinter der bayerischen Grenze in Vils getankt. Da sagt mir ein Kollege: „Auf den Fernpass müssen wir heute schon noch, es ist Schnee angesagt." Das ist von der erlaubten Fahrzeit her gerade noch zu schaffen gewesen. Auf dem großen Parkplatz auf der Passhöhe habe ich dann übernachtet und wollte um fünf Uhr früh wieder weiterfahren.

In der Nacht habe ich einmal hinaus müssen und habe die Türe aufgemacht. Das heißt, ich habe hinaus wollen, denn die Türe ist nur schwer aufzukriegen gewesen: Mein Fahrzeug ist im tiefsten Schnee gestanden. In der Lage hat mir ein Eimer helfen müssen, in kurzen Hosen habe ich denn doch nicht im Schnee versinken wollen. Mir ist klar gewesen, dass das wohl nichts werden würde mit losfahren um fünf. Um halb fünf bin ich aufgestanden und habe mich umgeschaut. In der Nacht ist über ein Meter Schnee gefallen. Die Räumfahrzeuge sind schon unterwegs gewesen, zwei oder dreimal sind sie vorbeigekommen. Um loszufahren, habe ich erst Schneeketten auflegen müssen und dazu habe ich den Lkw erst freischaufeln müssen. Ich habe beschlossen zu warten und habe gehofft, dass die Schneeräumer schließlich auch den Parkplatz von der weißen Decke befreien würden. Neben mir ist noch ein Däne gestanden, der eigentlich auch hat losfahren wollen, aber er hat keine Schneeketten dabei gehabt, wie er mir erzählt hat. (Damit ist er außerhalb des österreichischen Gesetzes gestanden, denn von Anfang November bis Ende April ist es in Österreich Pflicht für Lkw, Schneeketten dabei zu haben.)

Ich bin also stehengeblieben bis um acht Uhr. Ich bin dann in das Lokal auf der Passhöhe gegangen zum Frühstücken. Der Wirt hat gemeint: „ Der Vater sagt, bis neun hört es auf zu schneien." Und tatsächlich, was der ungefähr 80 jährige Vater gesagt hat, hat gestimmt: Um 9 Uhr hat es nicht mehr geschneit. Ich habe noch überlegt: „Schneeketten oder keine Schneeketten?" Die Polizei ist vorbeigekommen und hat bestätigt: Ohne Schneeketten geht nichts. Also habe ich die Ketten aufgelegt und fahre los, ohne wäre ich gar nicht vom Parkplatz weggekommen. Nach wenigen hundert Metern verwandelt sich der Schnee in Matsch und nach ungefähr fünf Kilometern ist die Straße vollkommen frei.

Also habe ich angehalten und die Schneeketten wieder abgenommen. Ein Polizist hat sich noch gewundert, warum ich überhaupt Ketten drauf gehabt habe. Beim Abnehmen fällt mir aber eine Schneekette zwischen die Zwillingsreifen und verklemmt sich so, dass ich sie nicht mehr herausbekomme. Ich habe das Rad abmontieren müssen. So hat mir das Wetter am Fernpass einige Plagerei verursacht, das Wetter das in den Bergen völlig unberechenbar ist, außer für erfahrene Bewohner, die die kleinsten Zeichen deuten können, so wie der alte Wirt auf der Passhöhe.

Einige Wochen später, im Januar, habe ich nochmals über den Fernpass müssen. Dieses mal habe ich bereits herunten in Vils übernachtet. Als ich am Morgen aufwache, ist das Chaos perfekt gewesen: Tiefschnee soweit das Auge gereicht hat und es hat immer noch so heftig geschneit, dass die ungefähr zehn Meter entfernte Tankstelle nicht mehr zu sehen war. Die Straße ist mit Lkw verstopft gewesen, von denen viele sogar quer gestanden sind. Einige sind nämlich ohne Schneeketten vom Winter überrascht worden. So ist klar gewesen, dass ich nicht weiter können habe. Im übrigen habe ich gehört, dass der Fernpass für Lkw gesperrt worden ist.

Ich habe also gewartet. So um eins ist der erste Lkw von oben herunter gekommen. Der Kollege hat zwar Schneeketten drauf gehabt, hat aber gemeint, aufwärts müsste es bald auch ohne gehen, denn die Sonne ist herausgekommen. Ein anderer Kollege hat Schneeketten aufgelegt und ist losgefahren. Ich habe noch ein bisschen gewartet, einen Kaffee getrunken, auf den frischen Leberkäs gewartet, der gerade gebacken worden ist, und bin ungefähr eine Dreiviertelstunde später los, ohne Schneeketten. Den eiligen Kollegen habe ich dann fast auf der Passhöhe ein paar Kilometer weiter auf dem Seitenstreifen gesehen wie er seine Schneeketten abgenommen hat, denn auf einen Schlag ist alles frei gewesen. Es war genau so, wie mein erfahrener Kollege gesagt hat: Wenn der erste von oben herunterkommt, muss man noch ungefähr eine Stunde warten, dann hat man keine Probleme mehr.

Parken unter dem Eiffelturm

Zwei Lkw-Ladungen Spielzeug haben aus Fürth nach Paris sollen. Gemeinsam mit einem Kollegen, der Frankreich schon gekannt hat, habe ich geladen und dann sind wir los. Es ist spät geworden, so dass wir erst am nächsten Morgen haben abladen können. Wir sind nicht nach Paris hineingefahren, denn dort wird einem in der Nacht nur die Plane aufgeschnitten und die Ladung gestohlen. Wir haben auf einem bewachten Platz etwas außerhalb, den mein Kollege schon gekannt hat, übernachtet. Dann sind wir am nächsten Morgen los, haben unsere Spielwaren abgeliefert und sind dann weiter, um die Rückfracht aufzunehmen. Wir sollten zu Mittag bei einer Bad- und Sanitärmesse sein, die soeben zu Ende gegangen ist.

Wir haben nur sieben Kilometer zurückzulegen gehabt, doch dafür haben wir sechseinhalb Stunden gebraucht. Berufsverkehr in Paris, das ist eine Katastrophe hoch drei. Die Motorradfahrer sind links und rechts vorbei. Wenn ihnen ein Pkw im Weg oder zu langsam gewesen ist, dann haben sie ihm den Spiegel heruntergeschlagen. Um vier sind wir dann zu dem Messegelände gekommen, sind aber immer noch zu früh da gewesen. Der Portier, der ein bisschen Deutsch können hat, hat uns direkt zur Halle 8 geschickt, wo wir haben parken können. Die haben an ihrem Messestand erst die Beleuchtung abmontiert gehabt. Dann sind wir zu dem Verantwortlichen gegangen und haben gesagt, dass wir Messegut für Deutschland laden wollen. „Morgen vor 14 Uhr geht da nichts, haben wir zu hören bekommen. Wir haben da stehenbleiben können.

Als wir am nächsten Morgen aufgewacht sind, sind da noch fünf andere Kollegen mit ihren Lkw gestanden. Wir haben dann ab zwei Uhr geladen und waren um sechs fertig. Dann sind wir losgefahren mein Kollege mit Verkehrserfahrung in Paris sagt mir noch: „Markus, wenn wir jetzt hinausfahren auf die sechsspurige Straße, dann fahr einfach, dränge dich hinein und bremse nicht. Wenn es kracht, einfach weiterfahren, nicht bremsen.“ Ich habe dann noch einen Pkw hineingelassen, der Pkw bremst, ich habe auch bremsen müssen, und dann komme ich nicht mehr hinein.

Da ich nicht gekommen bin, ruft mich mein Kollege an und fragt mich: „Markus, wo bist du denn?“ „ Immer noch an der selben Stelle.“ „Das kann dauern, warte, ich drehe noch einmal um“, meint er darauf. Dann ist er gekommen, hat sich neben mich gestellt und sagt mir durchs Fenster:

„Markus, ich fahre jetzt auf die Hauptstraße hinaus und du fährst mir nach. Wenn es kracht, einfach weiterfahren.“ „Alles klar“, sage ich, und er fährt los. Bremsen quietschen und er ist drauf. Ich fahre auch los, da drängt sich ein Pkw hinein. Den habe ich wohl hinten mit dem Auflieger ein bisschen erwischt, denn er dreht sich um 180 Grad, doch ich fahre weiter, wie mein Kollege geraten hat. Bis heute habe ich nichts von der französischen Polizei gehört.

Dann sagt mein Kollege über Funk: „Markus schau, da hinten ist der Eiffelturm. Da fahren wir jetzt hin, ich weiß einen Platz dort können wir parken und dann fahren wir hinauf.“ Ich bin einverstanden gewesen, weil wir noch Zeit gehabt haben und ohnehin Pause haben machen müssen. Wir sind hingefahren und da ist gerade der Reinigungsdienst gekommen gewesen und hat die Sperrpfosten direkt am Eiffelturm herausgenommen gehabt. Da meint mein Kollege: „Jetzt machen wir einen Gag. Ich fahre da hinein und stelle den Lastwagen direkt unter den Eiffelturm und photographiere ihn.

Ich sage noch: „Spinnst du,“ da ist er auch schon hineingefahren, hat umgedreht ist ausgestiegen und hat sein Fahrzeug aufgenommen, einen Sattelzug direkt unter dem Eiffelturm. Er ist noch am Photographieren gewesen, da war auch die Polizei schon da, denn der Raum um den Eiffelturm wird mit Videokameras überwacht. Die haben ihn dann mitgenommen und ich bin da gestanden und habe nicht gewusst, was ich tun sollte, denn ich habe mich in Paris überhaupt nicht ausgekannt. Ich habe die Beamten gefragt, ob ich darf, und bin dann der Polizei nachgefahren.

Endlich ist mein Kollege wieder herausgekommen. 1500 DM Strafe hat er bezahlen müssen und es hat deshalb so lange gedauert, weil er erst die 1500 DM hat organisieren müssen, so viel hat er natürlich nicht dabei gehabt. „Ist dir das so viel Wert?“ habe ich ihn gefragt und er hat gemeint: „Ja, das ist es mir auf jeden Fall wert, wenn ich immer wieder das Bild anschauen kann wo mein Sattelzug direkt unter dem Eiffelturm steht.“ Einen Abzug von dem Bild mit dem Lkw mit dem Firmenschriftzug unterm Eiffelturm hat er dann dem Chef verehrt.

Fatale Umleitung am See

Ich habe in Österreich, in Kärnten am Ufer des Millstättersees zehn Paletten Kartonagen abzuliefern gehabt. Die normale Straße ist wegen Bauarbeiten gesperrt gewesen und die Straße am See ist immer für Lkw gesperrt gewesen, doch als Lieferant für einen Anlieger habe ich durch dürfen. Es ist auch alles gut gegangen und ich bin zu der Firma gekommen. Da frage ich, ob ich wieder zurückfahren muss oder ob ich auf der anderen Seite des Sees zurückfahren kann. Ich kann ruhig auf der anderen Seite fahren, hat mir der Lagerist der Firma gesagt. Das habe ich dann gemacht, denn es ist ein schöner Tag gewesen, die Landschaft ist sehenswert gewesen und die Badenixen auch.

Zuerst ist es noch gegangen. Über die Brücke, die auf 24 Tonnen begrenzt gewesen ist, habe ich problemlos drüber können, weil ich nur mehr 20 Tonnen gewogen habe. Doch dann ist eine Umleitung gekommen, da habe ich schon ein ungutes Gefühl gehabt, ob der Lkw wohl überall durchpasst. Dann ist eine Kurve gekommen und ich denke mir, da komme ich nie herum. Es ist dann doch gegangen, doch ich habe vorne zu weit ausgeholt und bin aufs Bankett geraten. Das war weich und hat nachgegeben und ich bin mit dem rechten Vorderrad fast im Millstätter See drin gestanden, nur mehr ein paar Zentimeter bin ich vom Wasser entfernt gewesen. Mein Führerhaus wäre der ideale Angelplatz gewesen.

Ich habe es aber geschafft, aus eigener Kraft wieder herausgekommen, allerdings mit viel Gummiverlust. Es ist dann die Polizei gekommen, doch die haben gegen meine Argumente nichts sagen können. Am Schluss bin ich jedenfalls wieder flott gewesen. Als Folge, dass ich fast mit dem ganzen Sattelzug baden gegangen bin, haben sie bald ein Schild aufgestellt „für Lkw über 15 Meter verboten“.

Papier für den Papst

Die Druckerei des Vatikans hat Papier gebraucht, viel Papier aus Deutschland, damit der Osservatore Romano, die amtliche Tageszeitung des apostolischen Stuhls, auch weiterhin hat erscheinen können. Also hat man mich mit 24 Tonnen Papier auf meinem 17 Meter langen Sattelzug von der Papierfabrik in Schongau nach Rom geschickt. Wie so oft ist die Adresse außerhalb von Rom, zu der ich geschickt worden bin, falsch gewesen. Also habe ich einen Polizisten gefragt und der hat gemeint, dass das nicht an dem Platz ist und er ruft dort an. Dann hat er die Information geliefert: „Die Adresse ist direkt in Rom beim Vatikan, doch es gibt ein Problem. Die Zufahrt für Lkw zum Vatikan ist wegen Bauarbeiten gesperrt. Deshalb müssen wir über den Petersplatz fahren.“ So ist vor mir ein Polizeimotorrad gefahren, hinter mir ein Polizeiauto und noch ein Motorrad. So bin ich mit Blaulicht-Eskorte durch Rom Richtung Petersplatz gefahren.

Als wir in die Nähe vom Petersplatz hingekommen sind – der ist ja normalerweise gesperrt für den Lkw-Verkehr – ist das schöne Wetter ein Problem gewesen. Weil die Italiener so gern ihren Espresso trinken, am liebsten im Freien, ist der ganze Weg vollgestellt gewesen mit Caféhaustischen und Stühlen. Da ist der Polizist hin und dann haben sie erst mal alles weggeräumt. Der Polizist hat noch gesagt: „Der Fahrer kommt in ein bis zwei Stunden wieder heraus.“ Der zweite von den Wirten konnte deutsch, er hat früher in München eine Pizzeria betrieben gehabt und er ist ganz freundlich gewesen und hat gemeint: „Kein Problem!“

Dann ist das nächste Problem gekommen. Auf dem Petersplatz haben auf keinen Fall Reifenspuren entstehen dürfen. Also haben die Polizisten Bauarbeiter geholt, die haben vor meinem Sattelzug Gummimatten auslegen müssen, auf denen ich fahren konnte, ohne den schönen Boden zu verunstalten. Es ist also fast ein roter Teppich für mich gewesen, auch wenn die Matten schwarz gewesen sind. Vielleicht hat sogar der Papst aus seinem Fenster geschaut – es ist damals noch Johannes Paul II gewesen – und hat sich gefragt, was der Sattelzug dort soll, wo sonst Menschenmassen seinen Segen empfangen. Jedenfalls hat der Polizist zu mir gesagt: „Schau, dort oben wohnt der Papst.“

Dann sind wir hineingefahren und haben abgeladen. Die Druckerei hat mich gar nicht erwartet gehabt. Die haben das Papier erst für die darauffolgende Woche bestellt gehabt, wann die Lkw-Zufahrt wieder offen sein würde. Doch, wie so oft, hat es ein Missverständnis gegeben. Eigentlich sind sie froh gewesen, dass ich schon da gewesen bin, denn der vorhandene Papiervorrat hätte nicht mehr für eine ganze Woche Osservatore Romano gereicht, das Lager ist ziemlich leer gewesen.

Nach einer Stunde, es könnten auch eineinhalb Stunden gewesen sein, sind wir mit dem Abladen fertig gewesen. Wir haben die Polizei angerufen, die sind auch gleich gekommen und haben mich wieder mit Blaulicht über den Petersplatz eskortiert. Ich habe die Kurven in besonders weitem Bogen nehmen müssen, um nur ja keine Reifenspuren zu hinterlassen und es sind wieder Gummimatten ausgelegt worden. Meine Güte, haben die armen Kerle geschwitzt! Zum Glück verstehe ich kein Italienisch, aber ganz sicher sind da eine Menge unschöner Worte gefallen.

Obwohl wir gar nicht so lang gebraucht haben, ist unser Weg natürlich wieder von den Caféhaustischen versperrt gewesen, an denen Einheimische und Touristen ihren Cappuccino oder ihren Espresso oder ihr Eis genossen haben. Der Münchner Wirt hat sich gewundert, dass ich schon wieder da gewesen bin, denn bei der Einfahrt hat er noch gesagt: „In Italien brauchst du mindestens zwei Stunden, denn in Italien geht alles ein bisschen langsamer." Jetzt hat es wieder geheißen, den Weg frei zu machen. Jeder hat seine Tasse und seinen Stuhl genommen und rund 200 Leute standen mit der Tasse in der Hand Spalier, als ich eskortiert von Polizei mit Blaulicht den heiligen Bezirk im Schritttempo verlassen habe. Ich bin laut Aussage des Polizisten der erste, und ich vermute auch der einzige, Sattelzug gewesen, der je den Petersplatz überquert hat.

Als ich ungefähr ein halbes Jahr später wieder die Druckerei des Vatikans habe beliefern müssen, ist die normale Zufahrt wieder offen und das Papierlager gut gefüllt gewesen. Direkt von der Nordumfahrung geht eine Zufahrt, die nur für Lkw reserviert ist, in den Vatikan hinein. Einmal eine Straße, die für Pkw gesperrt ist, wo nur Lkw fahren dürfen! Diesmal ist es sehr schnell gegangen: Hineinfahren, abladen, umdrehen und wieder hinaus – Kein Vergleich mit meiner Sonderfahrt über den Petersplatz.

Polizei ausgetrickst

Auf dem Weg durch die Schweiz nach Italien hat mich die Polizei am Luganer See aufgehalten für eine Fahrzeugkontrolle. Papiere, alles in Ordnung, geladen Leergut (Es waren Mineralwasserflaschen und zurück sollte ich wieder volle Flaschen bringen), auch das war in Ordnung. Dann fangen sie an das Fahrzeug zu messen. Damals hatte ich nicht meinen normalen Auflieger, sondern einen Leihauflieger, der etwas leichter war und somit mehr Ladung fassen konnte, ohne die Gewichtsbeschränkung von 40 Tonnen in der Schweiz zu überschreiten. So konnte ich aus Italien eine Palette Mineralwasser mehr transportieren.

Der eine Polizist geht also mit seinem Metermaß um den Auflieger und misst. Dann sagt er: „Auflieger zu hoch!“ Ich darauf: „Das kann gar nicht sein, der hat 4 Meter.“ „Nein, er hat 4,18 Meter“, erwidert der Beamte. Da habe ich so hineingeschaut und denke mir: „Der schaut vorne wirklich ein wenig höher aus. Wie komme ich aus der Lage wieder heraus?“ Zulässig sind in der Schweiz maximal 4,07 Meter, jeder Zentimeter mehr kostet empfindlich Bußgeld. Was sollte ich machen? So habe ich zunächst mit dem diskutiert und ganz auf ungläubig gespielt: „Das kann nicht sein“.

Inzwischen hat eine Motorradstreife noch einen anderen Lkw herausgewinkt. So haben die beiden Kontrolleure ihre Aufmerksamkeit zwischen ihm und mir teilen müssen, das ist mein Glück gewesen. Ich habe weiter diskutiert: „Das ist ein Leihauflieger, der ist nicht höher“, und habe ihm die Papiere gezeigt. Er darauf: „Der ist doch höher!“ „Dann soll der Kollege eben nochmals messen, ich will das sehen.“

So ist er zu seinem Kollegen gegangen, der beim anderen Lkw beschäftigt war. Da habe ich heimlich die Zündung eingeschaltet und das Kästchen genommen, mit dem man die Luftfederung steuert und die Luft herausgelassen, sodass der Auflieger niedergesunken ist. Damit keiner das Zischen der Luft hat hören können, habe ich die Musik auf volle Lautstärke gedreht. Der Beamte hat sich beschwert: „Wollen Sie mich ins Grab bringen! So laut, und solche Musik hören Sie an!“ Ich habe sofort ausgemacht und mich entschuldigt: „Ich muss da wohl angestoßen sein.“ Wenn man die Zündung ausschaltet und wieder an, dann geht die Luftfederung wieder in die Ausgangslage zurück. Daher habe ich die Zündung nicht ausschalten dürfen. Damit die Kontrolleure nicht gemerkt haben, dass die Zündung an gewesen ist, habe ich die Lämpchen dadurch verdeckt, dass ich gerade dort die Papiere aufs Armaturenbrett gelegt habe. Und ich habe noch mit dem Beamten diskutiert und sage: „Das kann nicht sein, der Auflieger ist nicht höher." Er darauf: „Nein, wir haben extra ein Metermaß mit einem Winkel oben. Die Messungen haben gestimmt, aber der Kollege kommt gleich und misst nochmals, um es Ihnen zu beweisen."

Es hat noch ein bisschen gedauert, dann ist der Kollege mit seinem Maß gekommen und hat hinten angefangen und genau vier Meter gemessen, also gut im zulässigen Bereich. Da sage ich: „Hinten passt es und der Auflieger geht ja ganz gerade, also passt es auch vorne." „Das meinen auch nur Sie", erwidert der messende Beamte und misst nach jedem Meter, bis er vorne anlagt. Dann sagt er triumphierend: „Da, schauen Sie her, 4,16 Meter!" „Ja können Sie nicht richtig ablesen, da steht doch 4 dann Null und Null. Er ist hier genauso hoch wie hinten."

Wir haben noch diskutiert, da sagt sein Kollege: „Na Kollege, kannst du heute nicht mehr richtig messen. Du bist wohl gestern Abend ausgegangen, was?" Er hat dann nochmals auf der anderen Seite gemessen, weil er es nicht hat glauben können. Ich habe ein Stoßgebet zum Himmel geschickt: „Wenn er noch länger herumtut, dann senkt sich die Luftfederung vielleicht noch völlig." Er war jedenfalls total ungläubig und war sich sicher, dass er beim ersten Mal richtig gemessen hatte: „Haben Sie etwas gemacht? Haben Sie die Zündung eingeschaltet? Haben Sie Luftfederung?" Ich darauf: „Luftfederung habe ich wohl." „Haben Sie ein Kästchen?" „Ja, ein Kästchen habe ich auch."

„Schalten Sie mal die Zündung an." Die war ja schon an, aber ich habe ihm vorgespielt, dass ich die Zündung einschalte. Den entscheidenden grünen Punkt auf dem Kästchen habe ich mit meiner Hand verdeckt, als ich es ihm hingehalten habe. Er hat dann die Eins gedrückt, da ging die Luftfederung hinten ganz nach unten, darauf ich: „So kann ich nicht fahren, da schleifen ja schon die Reifen am Schutzblech." Dann drückt er auf Zwei, der Auflieger geht hinten in die Höhe und er misst. Triumphierend sagt er: „Ich habe es doch gewusst, es sind 4,17 Meter. Ich darauf: Klar, aber so kann ich nicht fahren, da bin ich ja mit dem Führerhaus schon über vier Meter. Das ist die Stellung wenn wir mit Kippermulden für Baustellen fahren, im Gelände muss ich höher sein." Dann hat er wieder auf neutral gedrückt und alles war wie vorher.

Er hat mir dann das Kästchen wieder gegeben und meinte: „Irgend etwas ist da faul." Sein Kollege beruhigt ihn und weist darauf hin, dass die Papiere stimmen und er meint darauf ungläubig: „Habe ich mich da so vertan?“ und geht nochmals ums Fahrzeug und murmelt: „Irgend etwas hat der Fahrer gemacht, ich möchte nur wissen, was.“ Da wird es seinem Kollegen zu viel. Er reicht mir die Papiere und sagt: „Gute Fahrt.“ Als ich mit der abgesenkten Luftfederung vom Parkplatz durch die Regenablaufrinne auf die Straße hinausgefahren bin, habe ich gehört, wie der Reifen am Auflieger angeschlagen ist und habe nur gehofft, dass der Polizist das nicht gehört hat. Ich habe dann Gas gegeben und bin weg gewesen. Sofort habe ich die Luftfederung wieder auf normal gestellt und habe wieder sicher fahren können.

Des Rätsels Lösung ist gewesen, dass der Auflieger kleinere Reifen als üblich gehabt hat. Um mehr Ladung unterzubringen ist der Auflieger statt 2,50 Meter 2,60 Meter hoch gewesen. Damit er nicht die zulässige Höhe überschreitet, sind kleinere Reifen von 70 cm Durchmesser aufgezogen worden. Deshalb ist er hinten niedriger gewesen, wodurch er vorne natürlich höher geworden ist, weil die Zugmaschine den ganz normalen Reifendurchmesser von 80 cm gehabt hat. So ist der Auflieger schräg gewesen und vor dem Königszapfen, durch den der Auflieger mit der Zugmaschine verbunden gewesen ist, natürlich höher.

Mit meiner Vernebelungsaktion habe ich meinem Chef laut Schweizer Bußgeldkatalog 10 000 DM und ziemliche Unannehmlichkeiten erspart. Dabei habe ich großes Glück gehabt, denn ich habe ja nicht gewusst, dass der Auflieger höher gewesen ist. Auf einer zu niederen Brücke würde ich ihn wohl ruiniert haben und hätte mich gewundert, warum er steckengeblieben ist.

Wurst für Moskau

Ganz am Anfang meiner Zeit als Kraftfahrer, im Januar 1988, hat mein Chef zu mir gesagt: „Fahre zu Euroleasing und hole dir einen Kühler". Da habe ich mich schon gewundert, denn ich habe normalerweise einen gewöhnlichen Sattelzug gefahren. „Du bekommst eine Ladung Wurst für Moskau." „Und wie komme ich da hinüber? Ich kenne mich ja gerade in Deutschland aus!" „Ja da fährst du nach Frankfurt an der Oder, dann quer durch Polen und dann nach Russland." „Es ist ja tiefster Winter" „Du musst dich halt warm anziehen, es hat zur Zeit 40 Grad minus."

Dann bin ich zum Wurst laden gefahren. Da war noch ein Kollege da, der bekam eine Ladung Wurst für Nowosibirsk und einer, der mit mir gemeinsam für Moskau bestimmt war. Insgesamt haben wir auf zwei Sattelzügen mit Kühlung 48 Tonnen verschiedene Sorten Wurst und Schinken für die Hauptstadt der Sowjetunion geladen gehabt.

Bei Hof sind wir über die Grenze in die DDR. Wir waren vier Sattelzüge, denn in den Ostblockländern hat man damals nur im Konvoi fahren und auch die vorgegebene Strecke nicht verlassen dürfen. Bei der Einreise haben sich die Grenzer meinen Lkw genau angeschaut und die Papiere überprüft. Dann haben sie verlangt, dass ich das Funkgerät ausbaue, da so etwas in der DDR nicht zulässig gewesen ist. Ich habe ihnen dann klar gemacht, dass ich das nicht kann, weil der Lkw nicht mir gehört und ich kann doch nicht fremdes Eigentum zerstören und außerdem bezahlt mein Chef Gebühren dafür. Das haben sie dann eingesehen, aber sie haben verlangt, dass ich das Funkgerät ausstecke, damit es außer Betrieb gesetzt gewesen ist. Das habe ich aber bald wieder eingesteckt, denn das ist ja die einzig vernünftige Möglichkeit gewesen, mit meinem Kollegen im anderen Lkw zu kommunizieren. Telefonieren ist damals als normale Kommunikationsmethode einfach viel zu teuer gewesen.

Dann sind wir nach Frankfurt an der Oder gefahren. Die Abfertigung durch den DDR-Zoll ist schnell gewesen. Wir haben nur kurz anhalten müssen und die Papiere sind abgestempelt worden. Die Polen aber haben uns nochmals gründlich gefilzt. Wir haben in eine Kammer fahren müssen und der Laderaum ist geröntgt worden, um zu sehen ob wir zwischen den Salamistangen vielleicht Panzerfäuste aufgehängt haben. Sie haben das Führerhaus genau durchsucht und Messer haben wir abgeben müssen, nur mein Buttermesser haben sie mir gelassen. Wir sind dann runde 750 Kilometer weitergefahren über Warschau und haben Polen durchquert bis zur Grenze der Sowjetunion, heute ist es die Grenze zwischen Polen und Weißrussland, zum Grenzübergang Bobrowniki.

An der Sowjetgrenze haben wir dann einen Zettel ausfüllen müssen. Der war aber nur in Polnisch, Russisch und Englisch. Keiner von uns hat eine der drei Sprachen beherrscht. So haben wir einen Dolmetscher gesucht. Das hat einen Tag gedauert. Dann haben wir den Zettel ausgefüllt. Zum Glück haben wir das gemacht. Da ist drauf gestanden, dass man, wenn man durch Russland fährt, den Motor nicht ausschalten darf. An der Sowjetgrenze hat ein Kollege zusätzliche Schwierigkeiten zu den üblichen Schikanen einer genauen Grenzkontrolle gehabt, man könnte eher von Filzung reden. In seinen Papieren hat irgend etwas nicht gestimmt bzw. den Russen hat da irgend etwas nicht gepasst. Er hat noch gesagt: „Da fährt man so weit, damit die Russen etwas Gutes zum Essen haben, und dann lassen sie einen nicht einmal hinein.“

Als er wieder hat losfahren wollen - er ist auf Position drei im Konvoi gewesen - hat seine Maschine keinen Mucks gemacht. Sein riesiges Gefährt hat den ganzen Grenzübergang versperrt. Ein russischer Schneepflug hat das Pannenfahrzeug auf die Seite geschleppt. Es hat sich herausgestellt, dass die Lichtmaschine kaputt gewesen ist. In der Sowjetunion und auch in Polen hat es damals natürlich keine Ersatzteile für Lkw aus dem Westen gegeben und es hat mindestens eine Woche gedauert, bis das Teil aus Deutschland hat eintreffen können. Der Fahrer hat telefoniert und dann hat es geheißen, wir sollten zu dritt weiterfahren und den einen zurücklassen. Seine Firma hat dann möglichst schnell eine Zugmaschine als Ersatz geschickt, damit die Wurst mit dem nächsten Konvoi hat weiter transportiert werden können, denn die wohlschmeckenden deutschen Fleischereierzeugnisse sind in Nowosibirsk schon sehnsüchtig erwartet worden. Ungefähr drei Stunden sind wir deshalb gestanden.

Wir sind dann mit Polizei- oder Militärschutz weitergefahren, so genau habe ich nicht mitgekriegt, wer uns da beschützt hat. Sie sind mit Zivilautos gefahren, eines voraus und jeweils ein weiteres zwischen den Lastzügen und eines hinter dem Konvoi, insgesamt vier Begleitfahrzeuge. So hat jeder Lkw seinen eigenen Aufpasser gehabt, bewaffnet mit Maschinenpistole. Ich bin auf Position zwei gewesen. Das ist so geblieben bis tief in die Sowjetunion hinein und hat den Sinn gehabt um einerseits nicht auf verbotene Wege zu kommen und andererseits, die Transporte begehrter Westware vor Räubern und Plünderern zu schützen. Wir sind also los, drei Lkw mit Militärbegleitung wegen der Gefahr von Überfällen. Es hat ungelogen minus 40 Grad gehabt: So viel Schnee habe ich im ganzen Leben noch nicht gesehen. Und weil es so kalt gewesen ist, hat man den Motor nicht ausschalten dürfen. Solange nämlich der Motor gelaufen ist, hat auch die Heizung des Dieseltanks funktioniert, die verhindert hat, dass der Treibstoff versulzt und der Kraftstofffilter, die Leitungen und die Dieselpumpe verstopft. Bei abgestelltem Motor ist natürlich auch der Dieseltank nicht mehr beheizt worden. deshalb hätte ein Abstellen des Motors unweigerlich zu schweren Problemen geführt.

Als wir ungefähr 1000 km vor Moskau gewesen sind, sind am ersten Lkw zwei Reifen geplatzt, da sind wir nur noch zwei Sattelzüge gewesen. Da das Fahrzeug total vereist gewesen ist, ist es schlichtweg unmöglich gewesen, draußen auf der Straße Reifen zu wechseln. Der Sattelzug ist in die nächste Stadt abgeschleppt worden, begleitet von einem Militärfahrzeug. Wir haben dann in einem Rasthof Pause gemacht, geduscht und uns gestärkt. Unsere militärischen Begleiter haben inzwischen die Wurst bewacht damit sie keine Beine bekommt und damit auch niemand ins Führerhaus einbricht und eventuell den Motor abschaltet, der ja immer gelaufen ist, um nicht einzufrieren. Als wir wieder herausgekommen sind, haben sie gemeinte: „Jetzt passiert mit einer Wahrscheinlichkeit von 99,9 Prozent nichts mehr.“ „Und mit den restlichen 0,1 Prozent hat man dann eine Kugel im Kopf, oder wie?“ habe ich nur ausgerufen. Jedenfalls hat uns das Militär verlassen und wir sind den weiteren Weg ganz auf uns gestellt gewesen, ohne das Land zu kennen, ohne auch nur ein Wort Russisch zu sprechen.

Nach einer Übernachtung sind wir weitergefahren mit unserer Wurst für Moskau. Es ist dann schon gegen Abend gewesen, wir sind bereits acht oder neun Stunden unterwegs gewesen und haben gerade Pause gemacht. Da hat uns ein Polizist angesprochen, wo wir denn hinwollten. Wir haben gesagt, wir wollten noch zum nächsten Ort um dort zu übernachten und dann weiter nach Moskau. Er hat gemeint, wir sollten uns beeilen, weil nämlich starker Schneefall mit Verwehungen erwartet wird, dort sollten wir besser nicht hineingeraten. Wir haben Schneeketten aufgelegt, mit russischer Hilfe, und sind losgefahren. Es hat dann zu schneien angefangen, es ist immer heftiger geworden. Große Schneeflocken haben uns so dicht umtanzt, dass wir uns gegenseitig kaum mehr gesehen haben, obwohl wir unmittelbar hintereinander gefahren sind.

Plötzlich hat mein Motor Mucken gemacht. Es hat sich so angefühlt, also ob die Maschine keinen Diesel mehr bekommen würde, als ob der Treibstoff versulzt wäre und ich bin stehengeblieben. Nichts ist mehr gegangen. Es ist aber nicht der Treibstoff, es ist das Schmieröl gewesen, das die Schwierigkeiten verursacht hat. Wahrscheinlich hat man beim Kundendienst vor der Russlandfahrt ein zu dickes Öl eingefüllt gehabt, eines das für wärmere Gegenden gedacht gewesen ist und bei der extremen Kälte völlig steif geworden ist. Jedenfalls ist mein Lkw nicht mehr gegangen. Wir haben uns eingehüllt in alles was wir gehabt haben, fünf Paar Socken angezogen und wollten nachschauen, was wir tun konnten. Wir wollten dann das Führerhaus kippen, um an den Motor zu kommen. Bei den MAN-Lkw hat sich das Führerhaus elektronisch kippen lassen. Bei der extremen Kälte ist aber nichts mehr gegangen. Es ist so bitterkalt gewesen und der Wind hat so schneidend geblasen, dass innerhalb weniger Sekunden der Rotz in der Nase eingefroren ist. Es ist hoffnungslos gewesen, unter diesen Umständen irgendwie am Lkw außen zu arbeiten. Nach zehn Minuten sind unsere Wagen schon so eingeschneit gewesen, dass die Reifen nicht mehr zu sehen gewesen sind. Wir haben uns schon auf das Schneeräumen gefreut, sobald wir würden weiterfahren können.

Wir haben in der Ferne, vielleicht einen Kilometer entfernt, ein Licht gesehen. So haben wir beschlossen, zu dem einsamen Gehöft auf der weiten Ebene zu wandern und dort Hilfe zu suchen. Nach rund 200 Metern sind die roten Lkw nicht mehr zu sehen gewesen, weil sie schneeweiß geworden waren. Wir sind heilfroh gewesen, als wir das Haus im Kampf gegen Wind und Tiefschnee endlich erreicht gehabt haben. Noch ein paar hundert Meter mehr, und zumindest die Zehen wären uns erfroren, trotz der fünf Paar Socken.

Wir sind also zu dem Haus, sind freundlich aufgenommen worden und haben uns erst einmal aufgewärmt. Verständigt haben wir uns mehr schlecht als recht auf Englisch, das mein Kollege einigermaßen gekonnt hat und ich mit meinem Schulenglisch habe auch etwas beitragen können. Jedenfalls haben wir klar gemacht, dass wir ein Problem mit unserem Lkw gehabt haben und als wir gemeint haben, dass wir die Fahrzeuge und unsere Wertsachen sicherstellen müssen – auch das Portemonnaie ist im Führerhaus gelegen – hat er uns beruhigt, dass hier keiner stehlen würde. Kein Wunder, es hat ja in weitem Umkreis niemanden gegeben, keinen Ort, gar nichts. Das Gehöft ist ganz einsam in der flachen Landschaft gestanden.

Was für ein Glück, dass es uns gerade dort erwischt hat. Wären wir anderswo steckengeblieben, dann wären wir mit Sicherheit erfroren, alleine ohne Schutz und ohne Hilfe im eisigen russischen Winter. So aber sind wir reichlich bewirtet worden und haben uns in der warmen, von meterlangen Holzscheiten kuschelig warm geheizten Stube gut satt essen können. Leider haben die kein Bier gekannt und haben uns nur den fürchterlichen Wodka angeboten.

Wir haben einigen Einblick in diese Familie bekommen. Der alte Großvater mit 87 Jahren ist dagewesen, Vater, Mutter und noch vier von acht Kindern. Die Mutter hat wegen der großen Entfernung zur nächsten Stadt ihre Kinder selbst unterrichtet. Und, wie sie erzählt haben, haben es die zwei Ältesten, die inzwischen in Moskau gelebt haben, bis zum Abitur geschafft, ich habe die Fotos von ihrer Abiturfeier gesehen.

Nach drei Tagen ist es wesentlich wärmer geworden und es hat nur mehr minus 20 Grad gehabt, einen Tag später ist die Temperatur auf minus 15 Grad gestiegen. Da hat unser Gastgeber gemeint, dass es sei jetzt warm genug ist, die Lastzüge wieder in Gang zu setzen und es ist, telefonisch herbeigerufen, der Reparaturdienst mit einem klapprigen, alten Tatra-Lkw aus der nächsten Stadt gekommen. Nachdem uns unser Gastgeber tennisschlägerförmige Schneeschuhe geliehen hat, ist es ein viel bequemeres Fortkommen gewesen als bei unserem ersten Marsch.

Zuerst hat der Motor enteist werden müssen. Der Mechaniker hat die Treibstoffleitung aufgemacht und da ist der Diesel in Form kleiner, kugeliger Kristalle herausgekullert, so kalt war es gewesen. Er hat dann den Motor zuerst aufgetaut. Er hat dazu eine Gasflamme benutzt, wie sie auch Dachdecker zum Verschweißen von Bitumenbahnen einsetzen und die ab und zu, bei unsachgemäßer Handhabung, zum Abbrennen eines Dachstuhls führen. Er hat gemeint, das Schlimmste was passieren könnte, wäre eine Explosion des Motors. (Wir haben uns um die Ecke verständigt: Der Mechaniker hat Russisch gesprochen, unser Gastgeber hat es in Englisch wiedergegeben so gut er konnte und mein Kollege hat es so weit er es verstanden hat ins Deutsche übersetzt.)

Zunächst hat der Mechaniker vermutet, wir wären ohne Öl gefahren und hätten einen ernsten Motorschaden, da nach dem Öffnen des Öl-Ablassstopfens kein einziger Tropfen heraus gekommen ist. Das Öl ist aber nur eingefroren gewesen und ist dann schon herausgeronnen, nachdem die Gasflamme genug Wärme gespendet hatte. Er hat passendes, für den russischen Winter geeignetes Öl eingefüllt. Danach ist noch der Dieselfilter auszutauschen gewesen (In weiser Voraussicht hat jeder einen Reservefilter dabei gehabt, in Russland hätten wir nie einen passenden bekommen können) Ein ordentliches Quantum Benzin im Dieseltank um ein nochmaliges Versulzen zu verhindern hat die sachgerechte Behandlung vervollständigt.

Zwei Mann haben sich um unsere Fahrzeuge bemüht und nach der tagelangen Stehzeit in eisiger Kälte wieder funktionstüchtig gemacht. Rund vier Stunden haben sie gebraucht, bis die Lkw wieder gelaufen sind. Wie die zu ihrem Geld gekommen sind, habe ich keine Ahnung, von uns haben sie jedenfalls nichts verlangt.

Unser Gastgeber hat uns danach mit seinem Pferdewagen abgeholt und wir haben noch eine Nacht bei ihm verbracht. Die Motoren sind die ganze Nacht durchgelaufen. Der Mechaniker hat gemeint, wenn die Motoren am nächsten Morgen noch laufen, dann ist alles in Ordnung. Natürlich haben wir Bedenken gehabt, denn es hätte ja jeder ins Führerhaus gehen können. Doch unser Gastgeber hat uns beruhigt. Während der Nacht ist immer wieder ein Familienmitglied zu den Lkw und hat geschaut, ob die Motoren noch laufen.

Am Morgen sind wir weiter nach Moskau, nachdem wir uns herzlich für die tatkräftige Hilfe und Gastfreundschaft bedankt haben. In wenigen Stunden haben wir die noch rund 500 Kilometer entfernte Millionenmetropole erreicht. Dort ist mir vor allem die bittere Armut aufgefallen, Unmengen von Kindern haben gebettelt. Wir haben die Polizei angerufen, die uns zur Fleischerei begleitet hat, um Plünderungen zu verhindern. Die haben die Wurst für Ende Januar bestellt gehabt und wir haben drei Wochen Zeit für den Transport gehabt. Diese Zeit haben wir auch beinahe gebraucht mit all den bürokratischen und klimatischen Hindernissen.

Der Rückweg ist dann wesentlich einfacher gewesen, es ist ja bei weitem nicht mehr so kalt gewesen wie auf dem Hinweg. Später bin ich nicht mehr nach Russland gekommen, das ist mein einziges Abenteuer in den legendären eisigen russischen Weiten gewesen. Unser Disponent hat nachher gesagt, dass wir normalerweise ein halbes Jahr fahren müssten, um das zu verdienen was wir mit der Lieferung Wurst nach Moskau verdient haben. Für die Russen ist deutsche Wurst ein echter Luxus gewesen, für den sie auch bereit gewesen sind, fürstlich zu bezahlen.

Wasser und Wein

Es ist im lothringischen Forbach gewesen, nicht weit von der Grenze des Saarlandes. Ich habe gemeinsam mit einem Kollegen Mineralwasser zu laden gehabt. Wir sind am Abend angekommen und haben uns noch länger gemütlich zusammengesetzt und wohl ein bisschen zuviel von dem ausgezeichneten französischen Wein erwischt.

Am nächsten Morgen bin ich jedenfalls mit Haarspitzenkatarrh auf gewacht. Als ich rückwärts an das Ladetor des Mineralwasserlagers herangefahren bin, habe ich mich genau zwischen den Linien gehalten und bin exakt gerade nach hinten gefahren. Ich bin noch stolz darauf gewesen, denn so exakt habe ich es noch nie geschafft. Dann fragt mich der Lagerist: „Was machst du? Warum fährst du gegen die Wand?“ Übersehen habe ich nur gehabt, dass ich falsch zwischen den Linien gefahren bin und genau zwischen den Toren an die Wand, so hat der Tag schon optimal angefangen. Ich habe dann rangiert und bin richtig gestanden zum Laden. Wie es sich gehört habe ich einen Keil untergelegt. Dann ist es losgegangen. Palette um Palette hat der Lagerist mit dem Stapler auf meinen Auflieger gefahren.

Als ich so zugeschaut habe, ist mir schon so vorgekommen, dass mein Lkw bei jeder schwungvollen Ankunft des Staplers ein paar Zentimeter nach vorne gerollt ist, ein bisschen weg von der Rampe, aber das Auffahrtsblech ist lange genug gewesen und ich habe mir weiter keine Sorgen gemacht. Wieder einmal verschwindet der Stapler mit Karacho im Auflieger und ich höre einen Schrei wie ich mich so mit meinem Kollegen unterhalte: Der Lkw rollt, der Lagerist mit seinem Stapler hinten drin. Ich habe wohl den Keil nicht ordentlich untergelegt gehabt und durch das ständige Hineinfahren und Herausfahren des Staplers hat der sich gelockert. Die Handbremse habe ich über meinen weinbedingten Kopfproblemen wohl auch vergessen anzuziehen und vielleicht ist der Mann beim Hineinfahren vorne ein bisschen hart angestoßen, so dass sich das Fahrzeug in Bewegung gesetzt hat.

Jedenfalls ist mein Gefährt schnurgerade auf das Leergut zugerollt und zwischen den Kisten verschwunden. Kaputt ist an meinem Lkw nicht viel gewesen, nur die Sonnenblende ist gebrochen. Und natürlich haben ein paar Mineralwasserkästen ihr Leben aushauchen müssen.

Altpapier aus Rom

Ich habe den Auftrag gehabt, Altpapier aus Rom abzuholen, meine Frau ist da mitgefahren. Wieder ist die Adresse in der Innenstadt von Rom gelegen. Wir sind da hineingefahren, immer enger sind die Straßen geworden. Schließlich sind wir an der angegebenen Adresse angekommen. Es hat nicht nach einem Lagerhaus mit Altpapier ausgeschaut. Ich bin stehengeblieben, ein bisschen illegal in einem Rasenfleck, damit die Pkw noch vorbei können haben, und bin in die benachbarte Pizzeria gegangen. Wieder habe ich Glück gehabt: Der Mann hat Deutsch gesprochen, hat 15 Jahre in Hamburg gelebt gehabt. Voll Zweifel habe ich nach der Altpapierfirma gefragt. „Ja, die ist schon da, aber nur das Büro und das ist oben im sechsten Stock."

Also bin ich da hinauf. Da ist eine alte Oma in ihrem Stuhl am Fenster gesessen, die hat gleich einen halben Herzinfarkt bekommen. Ihren italienischen Redeschwall habe ich nicht verstehen können, aber dass sie mir einen Vogel gezeigt hat, ist ganz klar zu verstehen gewesen. Warum, das habe ich bald verstanden. Schließlich ist ein Mann vom Büro gekommen, der Deutsch gesprochen hat. „Zum Papier laden sind Sie hier verkehrt." „Aber das ist doch die Adresse, die mir der Disponent gegeben hat!" „Ja, das ist schon richtig, aber das hier ist nur die Rechnungsadresse aber nicht die Lieferadresse," hat mir der Mann erklärt.

„Wissen Sie, wo der Flugplatz des Vatikans ist?" „Ja, da bin ich doch vorbeigefahren!" „Ja, da hätten Sie hinfahren müssen!" „Wie komme ich da wieder hinaus? Kann ich weiterfahren?" Diesen Gedanken hat er mir sehr rasch ausgetrieben. Die Straße würde noch enger werden und dann durch einen nur zwei Meter hohen Torbogen führen, bevor sie das Kolosseum erreicht.

Doch wie sollte ich aus dieser engen Gasse wieder hinaus. Sollte ich etwa rückwärts fahren? Bei all den parkenden und fahrenden Fiats und Vespas, bei all den hübschen Blumenrabatten, die einen schon vorwärts zu einem Slalom gezwungen haben. Unter den Umständen rückwärts? Da würde ich nicht nur meinen Sattelauflieger, sondern auch die anderen Fahrzeuge und die Straße demolieren. Aber, es hat nichts geholfen, irgendwie habe ich da wieder heraus müssen. Naja, da bin ich halt rückwärts los, meine Frau hat nur die Hände vors Gesicht geschlagen. Doch nach wenigen Metern ist da so eine Ausbuchtung mit einer mit Blumen bepflanzten Grünanlage gewesen, eingefasst von einer Steinumrandung von vielleicht zehn Zentimetern Höhe. Da bin ich halt in diese Grünanlage hinein, habe gut aufgepasst dass ich nicht an den großen Bäumen hängenbleibe, und habe umgedreht. Besser ein paar Blumen und ein bisschen Rasen zerstört als eine Menge Pkw und mein Sattelzug.

So sind wir dann wieder hinausgekommen aus der Innenstadt und hin zum Flugplatz des Vatikan. Da habe ich dann zu meiner Frau gesagt: „Ich höre zu arbeiten auf, gleich da lasse ich den Lkw stehen." Ich habe die Firma nicht gefunden, habe dann angerufen. Der konnte Deutsch und hat mir den Weg beschrieben. Da habe ich gesagt: „Das weiß ich schon, aber ich finde nicht hin, ich komme immer wieder an derselben Stelle heraus." Da haben sie dann einen geschickt. Nach ungefähr zehn Minuten war er da mit seinem Pkw und hat uns gelotst. Wenn der nicht gekommen wäre, das hätten wir nie gefunden. Das ist so ein Gewerbegebiet gewesen, nicht mal ein richtige Straße, nur eine Schotterpiste hat es gegeben und es hat fürchterlich gestaubt.

Wir sind also hingekommen, da hat die Frau dort gesagt: „Auf die Waage!" doch die Waage war zu kurz für meinen kompletten Sattelzug. Und zu allem Überfluss noch in einem etwas abschüssigen Gelände. Zum Wiegen habe ich also den Auflieger auf der Waage abkoppeln müssen, dann ist er gewogen worden und dann habe ich wieder ankoppeln müssen und dann, so habe ich gedacht, wird jetzt hier geladen. Doch so einfach haben die es mir nicht machen wollen. Ich habe nach hinten zu einer Halle fahren müssen.

Dort hat mir ein Mitarbeiter gewinkt, der einen Radlader gefahren hat. Das ist mir recht zweifelhaft vorgekommen, denn ich sollte durch die Halle durchfahren, hinten draußen laden und dann dort hinten auf dem engen Platz umdrehen und wieder zurück durch die Halle fahren. „Da komme ich nie herum," habe ich gemeint. „Doch, doch, andere Lkw auch hier rum," hat er erwidert. Also bin ich durch die Halle gefahren und hinten wieder hinaus, doch der Platz hat nicht zum Wenden gereicht, obwohl ich beide Spiegel eingeklappt habe, um den schmalen Platz voll zu nutzen. Da hat der Mann mit dem Radlader einfach das hintere Eck meines Sattelaufliegers auf die Seite geschoben, dann bin ich herum gekommen. Er hat mich angeschaut, als ob ich zu blöd wäre zum Autofahren.

Dann ist beladen worden und ich sollte wieder auf die Waage. Doch nun habe ich ein Problem mit dem abschüssigen Gelände gehabt: Jetzt ist der voll beladene Auflieger unten gestanden und die Zugmaschine ein bisschen höher oben. Ich habe den Auflieger gar nicht so hoch kurbeln können, dass der Königszapfen von der Zugmaschine frei gekommen wäre. Das habe ich den Leuten erst klar machen müssen.

Nach mir ist ein Österreicher gekommen, der auch eine halbe Stunde herumgeirrt ist, der ist nicht so geduldig gewesen wie ich. Dem habe ich gezeigt, wie er hineinfahren muss: „Da komme ich nicht herum," hat er gemeint, „die können mich alle", hat er gerufen und ist wieder weggefahren ohne zu laden. Inzwischen ist noch ein italienischer Sattelzug gekommen, und nun habe ich gesehen, warum die anderen Lkw da hinten haben wenden können: Der hat nämlich eine lenkbare letzte Achse gehabt und damit einen kleineren Wendekreis. Das habe ich dem Radladerfahrer dann klar gemacht und damit ist meine Ehre als Fahrer wieder gerettet gewesen.

Ich habe dann noch einmal da hin müssen, dann habe ich aber gleich hingefunden. Da ist vorne geladen worden und ich habe nicht mehr hinten hinein müssen. Jedenfalls gibt es einige Kollegen, die fahren da nicht mehr hin, weil die einem das Leben so besonders schwer machen mit ihrer Anlage, die für Sattelzüge eigentlich völlig ungeeignet ist und mit ihren Anweisungen, die einen so in die Klemme bringen, dass man nur heftig schwitzend mühsam wieder herauskommt

Die Hängebrücke über den Po

Ich habe in Norditalien Stahl zu holen gehabt. Das Navi hat mir einen Weg gewiesen, dem ich nicht ganz getraut habe. Ich habe mit den Landkarten verglichen, die ich noch gehabt habe, und bin mit der Route einverstanden gewesen. Ich bin also diese Route gefahren, doch plötzlich ist ein Schild gekommen „Für Lkw gesperrt, Umleitung". Alles klar, ich habe die Umleitung genommen. Dann ist ein Kreisverkehr gekommen und plötzlich ist da kein Umleitungsschild mehr gewesen. Also bin ich dann so weitergefahren, wie das Navi gesagt hat.

Mindestens fünf Kilometer bin ich weitergefahren, dann kommt ein Lkw, der hat auch nichts gesagt, obwohl er hat stehenbleiben müssen, damit ich vorbei können habe. Da ist die Straße noch drei Meter breit gewesen, doch bald ist sie nur noch zwei Meter breit gewesen. Mit den Reifen bin ich teilweise schon im Dreck des Straßenrandes gefahren. Dann ist da so ein Kanal gewesen, ich habe mir nichts gedacht und bin weitergefahren. Schließlich ist noch so ein Obstgut gekommen, ich bin weitergefahren. Dann kommt plötzlich eine Brücke in einem kleinen Ort. Mit dem Gewicht hat es keine Probleme gegeben. Da ich leer gewesen bin, bin ich unter den 16 Tonnen, für die die Brücke zugelassen gewesen ist, gelegen. Aber die Kurve, ob ich da wohl herumkomme? Aber es ist gegangen, ich habe schön ausgeholt.

Doch dann kommt zu meinem Entsetzen ein Schild: „Hängebrücke. Achslast 1,5 Tonnen". Und ich stehe da mit 15 Tonnen mit einem 17 Meter langen Sattelzug. Ich bin ausgestiegen und denke mir: „Leck mich die Kobra, das hält die Brücke nicht aus." So eine Brücke, das habe ich gewusst, kommt schon ganz arg ins Schwanken, wenn nur ein Pkw darüberfährt. Ich habe es nicht riskieren wollen, dass mich die Brücke ins Wasser wirft oder dass sie gar zusammenbricht. Ich habe da nicht hinüber können, da hat alles nichts geholfen. Da ist nichts übriggeblieben als wieder umzudrehen und anderswo den Po zu überqueren, den die leider für mein Gefährt zu schwache Brücke überspannt hat. Das ist auch sehr gut gegangen, ich habe zum Wenden in einen Acker hineinfahren können, der war trocken und fest genug, dass er die 15 Tonnen einwandfrei getragen hat.

Dann komme ich wieder zu der Brücke mit der engen Kurve. Von dieser Seite habe ich keine Chance gehabt, um die Kurve zu kommen. Doch dann ist mein Freund und Helfer gekommen, ein Bauer aus der Gegend, der genau gewusst hat was zu tun ist. Als er meine Not gesehen hat, ist er aus seinem Haus herangekommen mit Flex und Schlagschrauber. Er hat einen Teil des Geländers abgeschraubt und vom übrigen Geländer mit der Flex abgetrennt. Er hat genau gewusst, dass ich ohne lenkbarer Hinterachse ein Problem gehabt habe. So bin ich dann auch glücklich über diese Brücke gekommen, allerdings sind dabei zwei Räder in der Luft gewesen. Da habe ich zum ersten mal in meinem Leben beim Autofahren Angst gehabt. Am liebsten hätte ich den Sattelzug verkauft, vielleicht an den hilfsbereiten Bauern.

Der Bauer war ein Phänomen. Der hat mich durch Messung sicher über diese Brücke gebracht. Er hat mir schon gesagt, dass Räder in der Luft sein würden, dass es aber gehen würde: Zuerst waren von den drei Rädern des Aufliegers die vorderen zwei in der Luft, dann würde das vordere Rad wieder Boden bekommen und das letzte Rad würde in der Luft sein. So ist es auch gewesen und somit hat hinten immer mindestens ein Rad Bodenkontakt gehabt und das hat ja auch offensichtlich genügt. Wäre ich beladen gewesen, dann hätte es wohl nicht genügt und ich wäre in dem Bach unter der Brücke gelandet. Doch der Bauer hat ganz genau gewusst, was ich habe tun müssen und er hat sich mit mir verständigen können, weil er ein bisschen Deutsch gesprochen hat.

Ich komme also wieder vorwärts, dann kommt mir die Polizei entgegen und fragt mich, was ich denn da tue. Ich sage nur: „Arbeiten, genau wie Sie“. „Haben Sie das Schild beim Obstgut nicht gesehen?“ haben sie dann wissen wollen. Ich habe dort kein Schild gesehen gehabt, sonst wäre ich da nicht weitergefahren. Am Obstgut ist genug Platz zum Umdrehen gewesen. Als wir dort angelangt sind, ist der eine Polizist in den Graben hinunter gestiegen und dort ist das Schild gelegen, das mir ganz deutlich hätte sagen sollen: „Hängebrücke, maximale Achslast 1,5 Tonnen.“ Dass ich es im Graben natürlich nicht habe sehen können, das haben auch die Polizisten eingesehen.

Mein Ziel wäre ganz nahe am anderen Ende dieser Hängebrücke gewesen. So habe ich einen Umweg von rund 70 Kilometern in Kauf nehmen müssen, dann bin ich wieder an der Hängebrücke gewesen, aber auf der anderen Seite des Po. Dort ist die Firma ganz nahe gewesen, wo ich den Stahl zu laden gehabt habe.

Durch diese Verzögerungen bin ich so spät dran gewesen, dass ich bei dieser Firma auf der Autostrada habe schlafen müssen. Jedesmal wenn ein Auto mit Karacho vorbeigefahren ist, hat das ganze Führerhaus gewackelt. Gut geschlafen habe ich in jener Nacht nicht bei dem starken Verkehr. Zum Glück hat es gleich daneben eine Kneipe gegeben, wo ich super Spaghetti bekommen habe.

Gerettet durch einen Geburtstagsanruf

Am Vorabend meines Geburtstags, der ist im Dezember, habe ich an einer Raststätte an der Autostrada A4 in der Nähe von Mailand übernachtet. Da habe ich mir noch mit einem Bier zum Geburtstag gratuliert und bin dann ins Bett gekrochen. Einmal während der Nacht habe ich den Eindruck gehabt, dass im Führerhaus Licht ist, bin aber nicht richtig wach geworden. Kurz darauf hat das Telefon geklingelt, mein Stiefsohn hat mir zum Geburtstag gratulieren wollen. Ich bin aber so benebelt gewesen, dass ich gar nicht abgenommen habe, ich habe nur das Handy abgestellt und weitergeschlafen.

Am nächsten Morgen bin ich aufgestanden und habe mich gewundert, dass mein Geldbeutel vor dem Beifahrersitz auf dem Boden gelegen ist, habe mir dabei aber nichts gedacht. Ich bin hinaus in meinem üblichen Schlafanzug, kurze Hose und T-Shirt. Als ich so an einem Baum gestanden bin, um das Bier vom Vorabend wieder los zu werden, denke ich mir, warum im Führerhaus Licht brennt. Beim Schließen der Tür hätte es doch ausgehen müssen. Ich komme zurück zu meinem Fahrzeug und da geht die Türe nicht mehr auf.

Ich bin dann zu einem Kollegen hin, einem Österreicher, und habe ihn um Hilfe gebeten. Das ist ein Problem gewesen, denn die Nummerntafel ist zwar österreichisch gewesen, der Fahrer aber nicht, der ist wohl ein Russlanddeutscher mit extrem spärlichen Deutschkenntnissen gewesen. Der hat mir zuerst einmal eine Jacke geschenkt, damit ich in meinem Nachtgewand nicht total erfriere. Dann bin ich weiter und mit einem Kollegen aus Überlingen habe ich mich dann verständigen können.

Im Rasthaus, wo wir hingegangen sind, haben sie uns nicht verstanden, so sind wir zu meinem Lkw zurück und ich habe versucht mit einem Brecheisen die Scheibe auf der Beifahrerseite einzuschlagen, die ist aber zu stabil gewesen. Dann hat mein Kollege genauer hingeschaut und sagt zu mir: „Schau mal, da hat jemand an deiner Türe herumgespielt, du bist überfallen worden. Das Schloss ist nämlich schief gestanden. So war das Führerhaus die ganze Nacht unversperrt gewesen und als ich ausgestiegen bin und auf der Beifahrerseite die Türe zugeschlagen habe, hat die Zentralverriegelung das Führerhaus zugesperrt.

Jetzt sind die seltsamen Dinge der vergangenen Nacht plötzlich klar gewesen. Nicht wegen dem Bier bin ich in der Nacht so benommen gewesen, sondern vom Gas des Einbrechers. Anscheinend ist er durch den Geburtstagsanruf meines Stiefsohns vertrieben worden und hat den Geldbeutel auf den Boden geworfen. Ohne den Anruf wäre ich wohl mit Brummschädel in einem völlig ausgeräumten Führerhaus erwacht, so ist die Sache noch glimpflich ausgegangen.

Dann ist mein Kollege auf eine Idee gekommen. Er hat versucht, mit seinem Leatherman-Universalwerkzeug das Türschloss auf der Beifahrerseite zu öffnen, und ist in Sekunden erfolgreich gewesen, und zwar geräuschlos. Eine Überprüfung hat ergeben, dass das Geld im Geldbeutel gefehlt hat, das ist zu verschmerzen gewesen, es sind nur ungefähr 80 Euro gewesen. Schlimmer ist gewesen, dass auch der Führerschein weg gewesen ist. Doch sonstige begehrte Beute, Laptop und Fernseher, die sind noch da gewesen, Dank des Anrufes in der Nacht.

Die Polizei hat das ganze aufgenommen und ich habe mit der Diebstahlsanzeige in Pfaffenhofen einen vorläufigen Führerschein erhalten, mit dem ich einige Zeit habe fahren können. Zwei Wochen später habe ich von einer Autobahnmeisterei der Autostrada A4 einen Brief bekommen, dass sie auf einer Toilette meinen Führerschein gefunden haben. Bei nächster Gelegenheit habe ich ihn mir wieder geholt. So ist dieser Überfall noch einmal glimpflich ausgegangen. Eines habe ich dabei gelernt: Die Türschlösser eines Lkw verdienen kaum die Bezeichnung Schloss, da sie ganz leicht zu knacken sind. Das hat mir danach auch noch ein Mechaniker in der Werkstatt demonstriert. Seither spanne ich immer in Italien - denn in einem anderen Land wird man nicht überfallen – einen Spanngurt von Tür zu Tür, bevor ich mich schlafen lege. Damit ich nicht etwa durch zu viel Gas hops gehe, lasse ich immer oben das Sonnendach ein bisschen offen.

In der Unterhose über den Brenner

Noch einmal bin ich überfallen worden, es ist auf dem Autohof in Sterzing gewesen. Ich habe nicht gedacht, dass Südtirol in dieser Hinsicht noch als Italien zu werten ist, und habe meine dort üblichen Vorsichtsmaßnahmen außer acht gelassen. So wie sonst habe ich mich abends hingelegt und den Schlaf des Gerechten geschlafen.

Obwohl der Einbrecher das Führerhaus mit Gas gefüllt gehabt hat, bin ich wach geworden – es ist etwa 4 Uhr früh gewesen – und habe bemerkt, dass da einer in meinem Führerhaus zu Gange gewesen ist. Als er gemerkt hat, dass ich wach bin, ist er davongelaufen, ich bin ihm in der Unterhose nach, habe ihn aber nicht mehr erwischen können. Er hat das Führerhaus vollständig ausgeräumt: Fernseher, Satellitenschüssel, Geldbeutel, Sportsachen, all das habe ich nicht mehr gehabt, ja auch die Kleidung ist weg gewesen. Da es warm gewesen ist, habe ich beim Schlafen nur die Unterhose angehabt. Sie ist das einzige Kleidungsstück gewesen, das mit geblieben ist.

Die Polizei hat den Fall aufgenommen – ich bin in jener Nacht nicht der einzige auf dem Parkplatz gewesen, den die Gauner heimgesucht haben – und ich habe eine Diebstahlsbestätigung für die Versicherung erhalten, die mir dann auch den Verlust anstandslos ersetzt hat.

Als ich am Brenner zum österreichischen Zoll gekommen bin, haben die meine Ladung kontrollieren wollen und haben mich aufgefordert, auszusteigen. Als ich so spärlich bekleidet vor den Beamten gestanden bin, haben sie gelacht und wollten gar nicht mehr wissen, was ich geladen habe. Zum Glück ist es erst sechs Uhr früh gewesen und der Grenzübergang ist menschenleer gewesen, so hat sich die Peinlichkeit in Grenzen gehalten.

Seither versäume ich es auf italienischem Staatsgebiet nie mehr, bevor ich mich schlafen lege, das Führerhaus durch einen von Tür zu Tür gespannten Spanngurt abzusichern.

Weißbier für Stockholm

Es ist 1990 gewesen, in Kelheim habe ich Weißbier geladen, 34 Paletten mit 0,33 Liter Flaschen und bin los. An der Ostsee, in Warnemünde bin ich auf die Fähre und hinüber nach Trelleborg. Ich fahre so vor mich hin, ganz entspannt, freue mich des Lebens und genieße die Landschaft, sogar einen Elch habe ich gesehen. Da hält mich plötzlich die Polizei auf: Ich war zu schnell, ein Stück über die erlaubten 80 km/h. Da habe ich noch nicht gewusst, dass die Schweden den Verkehr vom Hubschrauber aus überwachen statt Radarfallen aufzustellen. Das Bußgeld war auch Lehrgeld: Jetzt habe ich gewusst, warum der Hubschrauber minutenlang über mir herumgeknattert war.

In Stockholm habe ich die angegeben Lieferadresse sofort gefunden, es ist eine Discothek gewesen. „Das kann ja wieder etwas werden“, habe ich mir gedacht. Zuerst ist niemand dagewesen, da bin ich schon hingefahren und habe seitlich die Plane aufgemacht, dass die mit dem Stapler gleich abladen können. In zwei, drei Stunden würde ich wieder auf dem Rückweg sein, habe ich gedacht.

Dann ist einer gekommen, der hat sich über die Lieferung gefreut und hat mich näher zum Eingang hin dirigiert und gemeint, er muss jetzt ein paar Kumpels holen zum Abladen. So ist klar gewesen, dass das länger dauern würde. Ich bin hingefahren, habe die Ladebordwand etwas abgesenkt und die sind gekommen und haben von Hand abgeladen, insgesamt 34 Paletten, das ist an einem Donnerstag gewesen. Sie haben um 8 Uhr früh angefangen und um sechs Uhr abends sind sie fertig gewesen, fertig in doppeltem Sinn: Der Sattelzug ist leer gewesen und die Männer völlig erledigt. Das Leergut, das nach Kelheim zurück sollte, das haben sie nicht mehr laden können, sie sind einfach total kaputt gewesen. Deshalb habe ich dort übernachten müssen. Ich habe einen Konsumgutschein für die Disco bekommen und habe mir gleich ein Fläschchen Weißbier von meiner Ladung gegönnt. Umgerechnet hätte es 15 DM (heute 7,50 Euro) gekostet, ein wahrhaft stolzer Preis. Kein Wunder, dass die Schweden so viel saufen, wenn sie nach Deutschland kommen, zu Hause können sie sich das ja nicht leisten.

Am nächsten Morgen sind die Kumpels wieder frisch gewesen und haben mit Schwung die leeren Weißbierflaschen aufgeladen. Ich bin losgefahren, Richtung Fähre. Unterwegs habe ich für umgerechnet etwa 800 DM (heute 400 Euro) tanken müssen. Wie üblich habe ich mit einer Tankkreditkarte bezahlen wollen, drei davon hatte ich dabei, aber alle sind für die elektronische

Zahlung zurückgewiesen worden. Bargeld habe ich nicht genug dabei gehabt, auch keine normale Kreditkarte oder so etwas. Der Tankwart hat, genauso wie ich, an eine technische Störung gedacht und hat nach alter Väter Sitte den Abbuchungsauftrag von der Karte von Hand ausgefüllt und die Nummer eingetragen. So bin ich zunächst diese Sorge los gewesen.

Ich bin in Trelleborg wieder auf die Fähre, die schon gebucht gewesen ist, und hinüber nach Warnemünde. Dort bin ich zuerst zum schwedischen Zoll, da ist alles in Ordnung gewesen und dann bin ich hinüber zum deutschen Zoll. Der schaut in meine Papiere und sagt: „Herr Kraus, warten Sie mal, wir haben da ein Problem. Wir müssen eine Fahrzeugkontrolle machen.“ Ich habe gemeint, die suchen mich: „Ich habe aber nichts verbrochen.“ „Nein, Sie nicht, aber Ihr Chef“, sagt er darauf, „ihr Lkw ist beschlagnahmt.“ Da bin ich aber aus allen Wolken gefallen, und das ist wohl auf meinem Gesicht zu sehen gewesen. „Ja wissen Sie nichts“, fragt der Zöllner darauf und hat mich in die Amtsstube gebeten. Den Lkw hat er mit einem Zollsiegel verschlossen. Da hat er mir dann erklärt, dass meine Firma pleite ist, wovon ich noch keine Ahnung gehabt habe. Ich habe doch erst am Vortag mit meiner Chefin telefoniert gehabt und ihr gesagt, dass ich das Leergut erst am nächsten Tag bekommen würde. Die hat sich überhaupt nichts anmerken lassen. Dann hat mir der Zöllner noch eröffnet: „Ihr Lkw ist weg, der wird gleich abgeholt. Der Fahrer ist schon mit Taxi unterwegs hierher.“ Da hat doch tatsächlich einer den Lkw gekauft als ich noch damit unterwegs gewesen bin. Jetzt ist auch klar gewesen, warum es das Problem mit den Tankkreditkarten gegeben hat. Für eine Zugfahrt von Rostock bis nach Hause in die Oberpfalz hat mein Geld auch nicht mehr gereicht. Ich habe aber dennoch fahren können, meine Eltern haben mich dann am Bahnhof in Weiden auslösen müssen.

Als Berufskraftfahrer wohnt man ja praktisch in seinem Lkw. Ich habe, unter den Augen eines Staatsanwaltes, mein Zeug aus dem Führerhaus geräumt. Daher bin ich kein normaler Bahnreisender mit einem Koffer gewesen, sondern ich habe noch meinen ganzen Hausstand mitzunehmen gehabt: Fernseher, Satellitenschüssel, Bettzeug, Kochgeschirr, Getränke usw. Gleich am Anfang der Reise hat das normale Taxi nicht gereicht, das mich von Warnemünde zum Bahnhof in Rostock hat bringen sollen. Es hat eigens ein größerer Wagen geholt werden müssen, damit mein ganzer Haufen Zeug hat verstaut werden können. Im Zug habe ich dann ein ganzes Abteil mit meinem Hausrat belegt.

Der Käufer des Lkw hat einen guten Schnitt gemacht: Er hat zusätzlich noch 800 Liter Diesel umsonst bekommen und das Leergut hat auch er verwertet.

Jedenfalls hat es die Brauerei in Kelheim nicht mehr wiedergesehen.

Als ich dann zurück gewesen bin in meiner Firma – das ist ein Busunternehmen gewesen mit zusätzlich vier Lkw – ist die Reparaturwerkstatt vollständig ausgeräumt gewesen, keine einzige Maschine ist mehr da gewesen, alles versteigert. Das Büro ist auch zu gewesen, kein bekanntes Gesicht zu sehen. Als ich da so herumgeschaut habe, ist ein Polizist gekommen und wollte wissen, was ich da mache. Ich habe ihm gesagt, dass ich ein Angestellter der Firma bin und dass ich noch Geld zu bekommen habe. Darauf hat er gemeint, da würde ich wohl nichts mehr davon sehen, die sind verschwunden.

Als ich meine Chefin am Handy angerufen gehabt habe, ist sie schon nicht mehr in Weiden gewesen, die haben sich bereits abgesetzt und einen riesigen Haufen Schulden hinterlassen. Um sie zu finden hat die Polizei auch mein Handy untersucht. Geld habe ich doch noch ein bisschen bekommen, 1500 DM vom geschuldeten Lohn und die Bahnkosten für die Fahrt von Warnemünde nach Hause. Das hat mir der Insolvenzverwalter zugestanden, aber auf einen Teil des Lohnes warte ich heute noch. Mein Chef und seine Frau sind ihren Schulden weiträumig entflohen, in die Dominikanische Republik glaube ich.

Der Verkauf des Lkw ist zwar moralisch schlecht gewesen, aber rechtlich unangreifbar. Mein Chef hat den Lkw zum Verkauf angeboten und ein Fahrer, der sich selbständig machen wollte hat davon erfahren und bei dem günstigen Angebot gleich zugegriffen. Er hat dann in der Gerichtsverhandlung klar nachgewiesen, dass der Kauf rechtens gewesen ist. Mein Chef hat also den Lkw bereits verkauft als ich noch nicht einmal in Kelheim geladen gehabt habe, wie kann der mich unter diesen Umständen noch auf eine Tour schicken!

Die Brauerei hat auch noch einen Verlust gehabt: Der neue Besitzer des Lkw hat das Leergut irgendwo verkauft und damit eine schöne Summe Geld erwirtschaftet. Das ist laut Gerichtsverhandlung in Ordnung gewesen. Nicht in Ordnung ist gewesen, dass der Discobesitzer in Stockholm die Lieferung Weißbier nicht hat bezahlen wollen, als er von der Geschichte erfahren hat. Er hat behauptet, er hätte sie gar nicht bekommen. Doch durch das Bußgeld wegen Geschwindigkeitsüberschreitung ist eindeutig nachweisbar gewesen, dass ich dort gewesen bin und er hat bezahlen müssen. Das Zeugengeld für meine Aussage im Prozess ist eine willkommene Einkommensaufbesserung gewesen, denn ich bin jetzt ja arbeitslos gewesen.

Die falsche Ziffer und der Schweizer Zoll

In Como habe ich ganz früh am Morgen an einem Dienstag beschichtete Spanplatten für Möbel geladen. Die sollten in den Raum Ravensburg. Ich habe durch die Schweiz fahren wollen, durch den San-Bernardino-Tunnel und dann in Romanshorn auf die Fähre über den Bodensee. Johanna, meine spätere Frau ist auf jener Fahrt mit dabei gewesen. Als ich ungefähr um sechs Uhr früh in Chiasso angekommen bin, hat alles ganz normal angefangen und ich bin noch voller Hoffnung gewesen, dass das an diesem Tag erledigt sein würde. Beim italienischen Zoll habe ich die Fuhre angemeldet, habe auch meinen Stempel in die Papiere bekommen und bin zum Schweizer Zoll gegangen. Der hat sofort einen roten Stempel in meine Papiere gehaut. Roter Stempel, das heißt zur Verwiegung. Alles klar, ich muss auf die Waage. Ich habe da nur gehofft, ich muss nicht wegen zu viel Gewicht einen Teil meiner Spanplatten abladen und in Chiasso lassen.

Als ich da nach hinten komme, sagt der aber, ich solle an die Rampe fahren. Das habe ich gemacht, habe hinten aufgemacht und einer vom Zoll ist auf den Auflieger gestiegen, nach vorne gekrabbelt und kommt zurück und sagt: „Das sind aber keine Möbel.“ Da sage ich: „Natürlich sind das keine Möbel, das sind Spanplatten, da werden Möbel draus gemacht.“ In den Papieren stand aber „mobili“ und so haben wir natürlich nicht weiterfahren dürfen. Ich habe dann den Disponenten angerufen, dass etwas mit den Papieren nicht stimmt. Die Schweizer Zöllner sind ganz scharf gewesen. Ich habe mich nur im Lkw und im Umkreis von einem Meter drum herum aufhalten dürfen, denn, hat er mir erklärt, es könnte sein, dass ich wegen Schmuggel angeklagt werde. Meine Freundin hat überhaupt nicht aus dem Fahrzeug aussteigen dürfen.

Ich bin da aber nicht der einzige gewesen, den die Schweizer Zöllner gequält haben. Neben mir ist einer mit einer Ladung frischer Eiern gestanden. Ich habe das ganz komisch gefunden, dass da zwei Leute mit einer Schablone die Größe der Eier gemessen haben. Als ich gefragt habe: „Was macht ihr denn da? Sind die Eier radioaktiv verseucht, oder was?“ da haben sie mich nicht verstanden oder, was ich eher glaube, die haben mich nicht verstehen wollen. Verschärft ist die Situation noch dadurch worden, dass dem Fahrer verboten worden ist, seine Kühlung laufen zu lassen, wegen der Lärmbelästigung, haben sie gesagt. Dieser Lkw ist schon seit dem Wochenende dort gewesen, auch ein Bayer. Ein Glück ist nur gewesen, dass die Schweizer wohl nicht verstanden haben, welche Schimpfwörter er von sich gegeben hat. Als wir dann endlich wieder haben fahren dürfen, hat auch er los dürfen. Er ist dann gleich umgekehrt und wieder an den Ausgangsort zurückgefahren, denn die Eier sind nach den Tagen ohne Kühlung nicht mehr für den Verkauf zulässig gewesen. Der Schweizer Zoll hat ihm also praktisch die Ladung vernichtet.

Bei mir ist die Situation auch bedenklich gewesen. Früher hat man in der Schweiz vorher schon festlegen müssen, über welchen Grenzübergang man das Land wieder verlassen würde. Bei mir ist Romanshorn eingetragen gewesen, von wo ich mit der Fähre über den Bodensee wollen habe. Mit dem Theater beim Zoll würde ich meine Fähre verpassen, aber das ist den Zöllnern völlig egal gewesen. Da bin ich dann schon ausfallend geworden, nachdem stundenlang nichts passiert ist. Anscheinend habe ich die Zöllner in ihrem Nationalstolz empfindlich getroffen, als ich gesagt habe, die ganze Schweiz sollte zugeschissen werden, bis nichts mehr herausschaut und nächstes Mal würde ich eine Bombe mitnehmen und dieses Chiasso in die Luft jagen. Da haben die Leutchen plötzlich sehr gut Deutsch verstanden, wo vorher die Verständigung so mühsam gewesen war. Die haben mich sogar in Handschellen gelegt! In einem Kämmerchen habe ich eine Unterredung bekommen. Anklage ist dann doch keine erhoben worden, aber ich habe ein Einreiseverbot in die Schweiz für fünf Jahre bekommen. Gnadenhalber haben sie mich diesmal noch durch die Schweiz fahren lassen.

Schon sechs Stunden sind wir dort gestanden, meine Freundin hat nicht ein mal die Toilette benutzen dürfen, was für sie zunehmend mehr und mehr zur Plage geworden ist. Endlich ist der, der für die Ausstellung der Papiere zuständig gewesen ist von der Lieferfirma der Spanplatten gekommen. Da ist alles dann plötzlich ganz einfach gewesen. Ich erinnere mich noch genau, da ist eine zwölfstellige Zahl drauf gewesen, wo die letzten Stellen Neunen gewesen sind. Er hat nur gesagt:"Da stimmt eine Ziffer nicht," und er hat die erste Neun einfach ganz dick mit Kugelschreiber in eine sechs umgeschrieben. Ich habe dem Zöllner die Papiere sowie den Personalausweis von mir und meiner Frau gegeben. Er hat zwei Stempel in die Papiere gehaut und dann hat es nur geheißen: „Gute Fahrt", und ich habe weiterfahren dürfen. Wegen so etwas waren wir acht Stunden in Chiasso gestanden!

Über den San Bernardino ist alles glatt gegangen, nur eine Dreiviertelstunde Wartezeit. Als wir in Romanshorn zur Anlegestelle gekommen sind, es ist bereits 18 Uhr vorbei gewesen, ist klar gewesen, dass ich an dem Tag nicht mehr über den Bodensee kommen würde. Doch bin ich frohen Mutes gewesen, noch die nächste Fähre am Morgen zu bekommen, denn es ist alles frei gewesen, kein Lkw da. Dann gehe ich ins Büro: „Lkw mit Spanplatten. Wir haben eine Fähre gebucht." Der schaut nach und sagt: „Sie waren aber für 12 Uhr gebucht." Sage ich: „Ja schon, aber es ist doch keiner da." „Na, da gehen Sie doch einmal da nach vorne und schauen Sie auf den Parkplatz." Ich gehe vor, und da ist der Parkplatz, gerammelt voll mit italienischen Autotransportern! Die sind alle vor mir gekommen und so hat die Aussicht bestanden, dass ich wohl nicht vor 15 Uhr am nächsten Tag weiterkommen würde. Ausweichen, etwa über Kreuzlingen, habe ich auch nicht können, weil in den Zollpapieren ja Romanshorn als Ausreiseort vermerkt gewesen ist. Hätte ich nur eine Fähre verpasst gehabt, wäre das nicht so schlimm gewesen, denn wer gebucht hat, kann notfalls auch mit der folgenden Fähre mitkommen, wobei ein anderer vorgezogen wird und den frei gewordenen Platz einnimmt. Wer noch später kommt, dessen Reservierung verfällt. Mit dem blöden Theater beim Zoll in Chiasso habe ich natürlich mehrere Fähren verpasst.

Dann habe ich aber doch Glück gehabt. Ein Lkw ist ausgefallen, er hat nicht starten können. Der hat wohl die Wartezeit mit zu viel Fernsehen verbracht und so seine Batterie erschöpft. Ein Autotransporter hat nicht mehr auf die Fähre gepasst, denn die Autotransporter sind 19 Meter lang, mein Sattelzug hat nur 17 Meter. So bin ich gerade noch als letzter auf die Fähre um 12:30 Uhr gekommen. Die hintersten Räder sind gerade noch auf der Fähre gestanden, die Reifen standen schon ein bisschen über, obwohl zwischen die Stoßstange meines Vordermannes und meines Zuges kaum noch ein Blatt Papier gepasst hätte. Das Hinterteil hat zwei Meter weit über den Bodensee hinaus geragt. Das wäre ein hübscher Platz zum Angeln gewesen. So bin ich mit einem Tag Verspätung über den Bodensee gekommen. Abladen habe ich an dem Mittwoch aber nicht mehr können, denn die Warenannahme hat um 14 Uhr geschlossen. So haben wir noch einmal übernachten müssen. Beim Abladen habe ich dann gesagt: „Ich habe Möbel drauf." Da meinten die: „Die können wir nicht gebrauchen, wir laden nur Spanplatten ab." Dann habe ich ihnen die ganze Geschichte erzählt, die haben bloß gelacht. Ich habe das nicht so lustig gefunden, zwei Tage Verspätung wegen einer falschen Ziffer.

Die Laderampe – es war Laderampe 2 – in Chiasso vergesse ich mein Leben lang nicht mehr. Als ich nach Ende meiner Einreisesperre wieder dort gewesen bin, ist so ein armer Kerl mit einem deutschen Lkw an der Laderampe gestanden. Ich kann mir vorstellen, was der mitgemacht hat.

Cola für Marokkos Straßenkinder

Einmal habe ich für einen deutschen Sportartikelhersteller Fußballrohlinge und Stoffe nach Marokko zu bringen gehabt. Dort sollten die Fußbälle genäht werden und die Stoffe sollten zu T-Shirts und anderen Kleidungsstücken verarbeitet werden.

Zwei Lastzüge sollten fahren. Als wir in Herzogenaurach geladen haben, ist mir geraten worden, Cola in größeren Mengen mitzunehmen und für Cola die Kinder in Marokko mein Fahrzeug reinigen zu lassen. So habe ich also mehrere Packungen billiges Cola mitgenommen.

Dann sind wir durch Frankreich und Spanien gefahren, ohne Zwischenfälle. Mit der Fähre von Gibraltar hinüber nach Marokko und da ist das Gewerbegebiet nur wenige hundert Meter vom Hafen entfernt gelegen. Dort habe ich meine Fußballrohlinge und meine Stoffe abgeladen und dafür den ganzen Zug voll fertige Fußbälle übernommen nach einer Fahrt von fast 2500 Kilometern.

Drei Tage habe ich Aufenthalt in Marokko gehabt. Während dieser Zeit hat es sich tatsächlich bewährt, Cola dabei zu haben. Für eine Dose Cola haben die Kinder dort meinen Sattelzug blitzblank poliert. Der war innen und außen wie neu. Die haben sogar die zerplatzten Insekten ganz oben auf dem Führerhaus vom Spoiler weggeputzt. So geglänzt hat der Lkw vorher nur als er frisch aus der Fabrik gekommen war. Ich habe geglaubt gehabt, die würden klauen, aber es ist nicht das geringste weggekommen. Auch auf dem Weg haben Kinder gebettelt. Da habe ich ihnen dann Dosen mit Cola zugeworfen und sie sind hoch erfreut gewesen.

Orangen aus Spanien

Einmal habe ich eine Maschine nach Madrid geliefert und sollte als Rückfracht Orangen laden. Der Disponent hat mir die Adresse gegeben und ich habe auch die Straße gefunden, aber nicht die Firma. Ich habe wieder den Disponenten angerufen, und der hat mir gesagt, dass das eine Plantage ist und die muss da sein. Nach einer Viertelstunde ist eine alte Frau heraus gekommen, die habe ich nach der Adresse gefragt, aber sie hat nur Spanisch können und ich nicht den geringsten Ton. So habe ich eine Orange auf ein Blatt Papier gezeichnet, da hat sie verstanden, was ich gewollt habe. Sie hat dann auf die Rückseite gezeichnet, wie ich fahren soll, über eine Brücke.

So bin ich endlich an mein Ziel gekommen. Das Firmengebäude ist mitten in einer riesigen Orangenplantage gelegen, deshalb hatte ich es nicht finden können. Die haben eine interessante Technik gehabt. Die haben mit so einer Art Traktoren bewegliche Förderbänder ausgefahren vom Betriebsgebäude zu dem Baum, wo geerntet werden sollte. Die Pflücker haben die Orangen auf das Förderband gelegt und die sind zum Betriebsgebäude gerollt. Ich habe mir noch gedacht: „Mein lieber Mann, die Spanier, die faulen Kerle die tragen nichts, nicht so wie die Deutschen mit Körben und Kisten, die lassen die Maschinen tragen."

Im Betriebsgebäude sind die Orangen von Blättern befreit, gewaschen und in Kisten verpackt worden. Diese Kisten sind sofort über die Rampe auf den Lkw verladen worden, und zwar einzeln, nicht auf Paletten, so dass mehr darauf gepasst haben. Ich habe rückwärts an die Rampe fahren müssen, der Weg war etwas abschüssig, sodass mein Sattelzug schräg nach aufwärts gestanden ist. Auch wenn die die Orangen sehr rasch bearbeitet haben, hat es doch einige Zeit gedauert, 25 Tonnen auf meinen Lkw zu verladen. Inzwischen habe ich mich in die Kantine auf der anderen Seite des Betriebsgebäudes gesetzt und bin sehr gut bewirtet worden. Ich habe ein Rindersteak bekommen von einer Zartheit wie noch nie und außerdem war es fast fünf Zentimeter dick.

Plötzlich kommen Arbeiter herein in mit Schlamm bedeckten Gummistiefeln und ich frage mich, was die wohl gemacht haben, da ja vorhin noch die Sonne gescheint hat. Sie haben mich geholt und da habe ich die Bescherung gesehen. Der schräge, asphaltierte Platz war mit Schlamm aus der Plantage komplett zugeschüttet. Mein Auflieger stand hinten bis über alle drei Achsen im

Schlamm. Während ich Pause gemacht habe, ist ganz unbemerkt ein heftiges Gewitter gekommen und hat den Mutterboden zur Rampe geschwemmt, wo sich der Schlamm gestaut hat.

Die haben sofort die Feuerwehr geholt und die haben, solange der Schlamm noch nass war, mein Auto wieder sauber gespritzt. Das hat schnell gehen müssen, denn in der heißen Sonne wird so ein Schlamm unheimlich schnell hart wie Beton und dann mit dem Pressluftmeißel das Auto zu säubern, das wäre wohl für niemanden ein Vergnügen gewesen. Da ich an der tiefsten Stelle der Rampe gestanden bin, hat es mich voll erwischt. Es waren noch ein paar Spanier da, aber an denen ist der Schlamm fast völlig vorbeigeflossen.

Durch den Schlamm ist leider die Elektronik des Aufliegers kaputt gegangen, das heißt, die Luftfederung hat nicht mehr funktioniert und die Liftachse ist nicht mehr gegangen. Ich habe in die Werkstatt müssen, und das voll beladen mit 25 Tonnen Orangen bis obenhin, mit Orangen die schnellstens zum Großmarkt nach München müssen haben, damit sie nicht vorher verderben. Der Plantagenbesitzer ist deshalb arg in Sorge gewesen. Er hat gesagt, wenn die Lieferung nicht rechtzeitig ankommen würde, wäre der Schaden für ihn so groß, dass er hundert Arbeiter entlassen müsste.

Der Werkstattmeister hat mir eröffnet, dass die Reparatur wohl eineinhalb Tage dauern würde Als ich ihm zeigte, dass ich vollbeladen war mit Orangen, einem höchst verderblichen Gut, hat er gemeint: „Ah, geladen. Dann müssen wir improvisieren.“ Die haben die Luftbehälter für die Luftfederung und die zugehörige Steuerung aus einem in der Firma stehenden neuen Auflieger ausgebaut und bei mir eingebaut. So ist das in zwei Stunden erledigt gewesen.

Die weitere Fahrt ist ohne besondere Vorkommnisse gewesen. Am Donnerstag sollte ich um 4 Uhr früh im Großmarkt in München sein. Das habe ich auch gut geschafft. Da ist vielleicht schon was los gewesen. Die Händler haben alle schon auf meine Orangen gewartet. So wie sie bei mir ausgeladen worden sind, sind sie gleich auf 7,5 Tonner und auf Lieferwagen verladen worden. Ich habe dann noch von meiner Ladung ein Kistchen Orangen geschenkt bekommen. Es sind die besten gewesen, die ich je gegessen habe.

Wartezeit mit Russen

Einmal, in Österreich, als ich Blechrohlinge für BMW in Dingolfing von Graz geladen gehabt habe, bin ich auf einen Parkplatz gefahren um meine Ruhezeiten einzuhalten. Normalerweise gesellt man sich zu jenen Fahrern deren Sprache man versteht. Ich habe natürlich zu den Deutschen oder zumindest zu den Österreichern wollen, doch da ist kein Platz mehr frei gewesen. So bin ich zwischen einem Türken und einige Russen zu stehen gekommen. Die haben schon eine ganz andere Lebensart. Der Türke hat Fisch gegrillt, aber nicht etwa neben seinem Lkw, sondern im Führerhaus. Zwar hat er auf dem Tunnel und das Armaturenbrett Zeitungspapier ausgelegt als Schutz, doch muss der mit dem Grillen die ganze Windschutzscheibe mit Fett vollgespritzt haben und den Geruch, den bringt er sicher auch nicht mehr heraus. Außerdem muss, trotz der geöffneten Fenster, das Führerhaus mit dem glühenden Grill darin zu einer richtigen Sauna geworden sein.

Die Russen – es waren mehrere – haben, wie es bei ihnen üblich ist, ihren ganzen Essensvorrat dabei gehabt. Im Kasten unter der Ladefläche haben sie eine halbe Sau mit sich geführt, total eingegraben in Crush-Eis, damit sie nicht verdirbt. Die haben richtige Gelage gefeiert und mich auch eingeladen. Sie haben gegrillt, das hat ganz eigenartig gerochen, dazu haben sie ganze Zwiebeln gegessen. Ich mag zwar Zwiebeln schon, aber die sind extrem scharf gewesen, da sind mir nicht nur die Tränen gekommen, da hat mir das Maul gebrannt wie Hölle und die haben die im Ganzen gegessen wie wir einen Apfel!

Sie haben Wodka getrunken, ganze Wassergläser voll. Mensch ist der Fusel eklig gewesen. Ich habe mich nach einem einzigen Schluck zu gutem bayerisches Bier geflüchtet. Die haben richtig auf Vorrat gesoffen, wenn sie Zwangspause gehabt haben. Wenn sie haben fahren müssen, haben sie ja nicht dürfen. Ich habe sie gefragt: „Müsst ihr denn nicht fahren?“ „Nein, nein, wir warten auf Rückladung, das kann eine Woche dauern“, haben sie gemeint und sich Wassergläser voll Wodka hinein geschüttet, Flasche um Flasche. Die haben wirklich gesoffen ohne Ende und haben dann auch angefangen zu singen. Dann haben sie ein Lagerfeuer anzünden wollen, direkt auf dem nagelneuen Asphalt des Parkplatzes. Sie haben Paletten dabei gehabt, die haben sie verbrennen wollen. Das hat der Inhaber des Autohofes aber ganz rasch unterbunden. Die sind wirklich fremdartig gewesen, und nach meinen Maßstäben verrückt. Aber sie sind freundlich und hilfsbereit und sehr gastfreundlich gewesen. Dass weder ihre Zwiebeln noch ihr Wodka für mich genießbar gewesen sind, das ist ja nicht ihre Schuld gewesen.

Schnürsenkel und Getränkekästen

Es ist ganz in der Nähe von Berlin gewesen, ich habe Getränke zu laden gehabt, 24 Paletten. Ich bin da auf den Hof gefahren, bin ausgestiegen und ins Büro. „Du kannst da stehenbleiben“, hat es geheißen, „mache nur links und rechts die Plane auf.“ Dann haben sie angefangen zu laden, auf jeder Seite jeweils drei Paletten, dann habe ich wieder die Plane zugemacht. Mir ist das Schnürsenkel aufgegangen und ich bücke mich, um meinen Schuh wieder zuzubinden. Er lädt inzwischen auf der anderen Seit, und dann ist er fertig gewesen.

Als ich mich wieder aufrichte, sehe ich meinen Lkw nicht mehr. Der rollt auf dem leicht abschüssigen Platz genau auf das gestapelte Leergut zu! Schließlich donnert der Sattelzug in die Stapel von roten Getränkekästen, dass die nur so fliegen. Hunderte Kästen sind bis auf das Nachbargrundstück geflogen und im angrenzenden Bächlein geschwommen. Mein Fahrzeug ist mitten in einem wirren Haufen von 2000 oder 3000 roten Getränkekästen gestanden, dass es kaum mehr herausgeschaut hat. Ein Glück ist ja gewesen, dass das Lenkradschloss eingerastet gewesen ist, so ist der Lkw ganz gerade gefahren. Glück ist auch gewesen, dass die Kästen leer gewesen sind. Mit Flaschen hätte das einen schönen Scherbenhaufen gegeben, es ist ja fast kein Kasten auf dem anderen geblieben. Blöd ist allerdings gewesen, dass ich vergessen gehabt habe, die Handbremse anzuziehen. Wahrscheinlich bin ich mit einem Rad in einer Mulde gelandet, so dass der leere Sattelzug stehen geblieben ist, mit der Ladung allerdings hat er dann zu rollen begonnen.

Der Lagermeister hat dazu gemeint, dass der wütendste Sturm nicht einmal so ein Durcheinander unter den Getränkekästen angerichtet hat wie es mir gelungen ist. Es ist ja kein nennenswerter Schaden entstanden. Beim Herausfahren habe ich einige Kästen zerdrückt, die unter dem Lkw gelegen sind und mein Fahrzeug hat nur von hinten bis vorne rote Striche auf dem Lack gehabt, die sich mit Spucke problemlos haben wegputzen lassen. Schließlich ist mein Fahrzeug mit seinen stolzen 17 Metern fast vollständig zwischen und unter den Getränkekästen verschwunden gewesen.

Spundwände am Bach

Es ist in der Gegend von Leipzig gewesen. Dort sollte ich von einer Brückenbaustelle Spundwände zurückholen. Hingebracht hat sie ein Kollege gehabt, der mir auch den Weg beschrieben hat. Ich bin also hingefahren, habe auch schnell hingefunden, schon von der Ferne ist der Kran zu sehen gewesen. Mein Sattelzug ist leer gewesen. Der Polier an der Brücke, an der nur noch die letzten Feinheiten zu machen gewesen sind, hat mich auf einen frisch geschotterten Weg unten am Bachbett geleitet. Meine Bedenken, ob der Untergrund wohl fest genug sein würde für mein Gewicht, hat er fortgewischt und gemeint: „Beim Anliefern ist es auch gegangen."

So bin ich also auf den Weg gefahren und habe der Dinge geharrt, die da kommen sollten. Die Stahlelemente der Spundwände sollten mit einem Kran aufgeladen werden. So habe ich hinten die Tür geöffnet – der Türverschluss ist in Augenhöhe gelegen – und habe die Plane abgedeckt, damit der Kranführer hat sehen können. Er hat begonnen, die Elemente aufzuladen und ich bin auf der Ladefläche geblieben, um die Ladung zu sichern. Auf die Umgebung habe ich nicht geachtet. Als alle Teile fertig geladen und gesichert gewesen sind, bin ich von der Ladefläche gesprungen und habe mich gewundert, dass das in den Knien gar nicht weh getan hat so wie sonst. Dann bin ich hinten an der Tür gestanden: Der Verschluss lag jetzt in Brusthöhe. Ich habe genauer geschaut: Die Räder sind bis zu den Naben im Dreck versunken gewesen, am Führerhaus sind die Schutzbleche - sie sind nur aus Kunststoff und mit Klipsen befestigt – aus ihrer Verankerung herausgehoben gewesen, die erste Stufe des Einstiegs ist im Dreck gesteckt. So viel zur Festigkeit des Untergrundes.

Bezüglich der Anlieferung hat sich dann herausgestellt, dass mein Kollege gar nicht direkt an den Bach hat fahren müssen. Damals, als die Baustelle begonnen worden ist, ist noch ein größerer Kran dagestanden, der die Last viel weiter hinaus hat schwenken können. Damals sind die Spundwände direkt von der Straße aus abgeladen worden. Nun, da die Baustelle fast fertig gewesen ist, ist der große Kran nicht mehr dagestanden, sondern nur ein kleinerer, der keinen so große Radius gehabt hat.

Das Ende vom Lied ist gewesen, dass die Bauarbeiter meinen Lkw haben freischaufeln müssen, per Hand. Aufgeladen ist schon um 10 Uhr gewesen, losgefahren bin ich dann erst um 14 Uhr. Zudem hat die Polizei noch ein scharfes Auge darauf gehabt, dass ich nicht mit dem total verdreckten Lkw losgefahren bin. Ich habe zuerst die Räder waschen müssen.

Das falsche Verkehrsschild

In Sachsen bin ich mit italienischem Mineralwasser unterwegs gewesen. Alles ist ganz normal gewesen, bis ich eine Umleitung habe fahren müssen. Ein Schild hat auf eine Brücke von 4 Metern Höhe hingewiesen, kein Problem für mich. Ich bin dahingefahren, breit ist die Straße nicht gewesen, gerade dass ein entgegenkommender Pkw hat vorbeikommen können, wenn ich ein bisschen aufs Bankett hinausgefahren bin. Es ist eine typische kleine Landstraße gewesen, mit Kurven und stellenweise mit Alleebäumen. Dann bin ich an die Brücke gekommen. Doch ich habe der Angabe nicht getraut. Für mein Augenmaß ist sie wesentlich niedriger als 4 Meter gewesen und ich mit meinem hohen Aufbau von 3,90 Metern würde da wohl nicht durchpassen und den Auflieger aufreißen, das habe ich natürlich nicht wollen.

Ich bin also stehengeblieben und habe die Polizei angerufen. Es ist auch ein Wagen gekommen und der Polizist hat gemeint: „Da steht doch 4 Meter, das muss doch passen". Ich habe meine Zweifel angemeldet und er hat nachgemessen, zuerst meinen Lkw, da ist er auf 3,90 Meter gekommen und dann die Brücke, die hat nur 3,60 Meter Höhe geboten. Es hat nur zwei Alternativen gegeben: „Wir könnten es mit Luft aus den Reifen lassen versuchen", hat der Polizist gemeint, „oder Sie müssen den ganzen Weg rückwärts fahren." 30 cm sind durch Luft herauslassen unmöglich zu gewinnen gewesen, also habe ich in den sehr sauren Apfel beißen müssen und elf Kilometer weit die schmale, kurvige Straße rückwärts zurückfahren.

Die ganze Strecke hat es überhaupt keine Wendemöglichkeit gegeben, keine Seitenstraße, kein Gehöft, nichts. So bin ich also unter Polizeischutz elendiglich langsam die 11 Kilometer zurückgefahren. Ich habe Wasser und Blut geschwitzt, denn die einzige Sichtmöglichkeit in Fahrtrichtung sind meine beiden Rückspiegel gewesen und ich habe auch die engen Kurven richtig nehmen müssen. Oft habe ich sie nicht auf Anhieb richtig gekriegt und dann habe ich rangieren müssen. Die Polizisten haben mich die ganze Strecke zu Fuß begleitet, einer ist vorne gewesen, einer hinten. Ich glaube, die haben noch mehr geschwitzt als ich, aber richtig gesehen habe ich ja nur einen. Zuerst hat er sein Jackett ausgezogen, dann hat er auch noch die Dienstmütze abgelegt. Das ist ja mitten im Sommer an einem sonnigen Tag passiert. Nach zweieinhalb Stunden haben wir es geschafft gehabt.

Danach hat sich herausgestellt, dass der Straßenbelag auf der Brücke erneuert worden ist und dass sie nur bis 3,60 Meter freigegeben werden sollte, dass man aber im Straßenbauamt vergessen hat, die Schilder auszuwechseln.

Olivenöl für Düsseldorf

Nachdem ich an einem Montag leere Mineralwasserflaschen nach Italien gebracht hatte, sollte ich als Rückfracht in Affi am Gardasee 20 Paletten Olivenöl laden, die nach Düsseldorf und nach Neuss sollten. Zuerst habe ich vier Paletten vom teuren, feineren Olivenöl für Neuss an einer Ladestelle geladen und danach 16 Paletten günstigeres für den Großmarkt in Düsseldorf an einer zweiten. Die Paletten für Neuss standen also ganz vorne.

Ich habe in Italien übernachtet und bin am Dienstag zurückgefahren. Die Fahrt an sich ist völlig ereignislos gewesen und ich habe den Großmarkt Düsseldorf planmäßig am Mittwoch früh um vier Uhr erreicht.

Als nicht normal habe ich empfunden, dass ich als Anliefere zuerst 10 DM Gebühr habe bezahlen müssen, damit ich überhaupt auf das Gelände des Großmarktes dürfen habe. Ich komme zur richtigen Halle, ja die Nummer passt, doch es ist keiner da. Überall rundherum ist Hochbetrieb nur bei meiner Halle ist niemand da. Ich frage einen von der Nachbarhalle und der meint: „Die Halle hat nur einen Tag in der Woche zu, und das ist nicht heute. Der wird schon noch kommen." Also warte ich, es wird fünf, die anderen fangen schon an ihre Verpackungen herauszuräumen, es wird sechs und ist schon hell, und keiner kommt. Dann kommt der von der Pforte, bei dem ich die unverschämte Gebühr bezahlt habe: „Sie können hier nicht stehenbleiben!" „Ich will doch nicht stehenbleiben, ich warte auf das Abladen, doch es ist keiner da." Er hat mir dann eine Telefonnummer herausgesucht, ich rufe dort an. Auch dort, keiner da, nur der Anrufbeantworter. Ich habe darauf gesprochen, dass ich mit 20 Paletten Olivenöl an der Halle im Großmarkt warte. Dann kommt der von der Pforte wieder und will mich aus dem Gelände vertreiben, doch ich bin standhaft geblieben.

Dann endlich um 9 Uhr kommt der Kunde und sagt zu mir: „Was machen denn Sie schon da?" Darauf ich: „Die Frage möchte ich Ihnen stellen, ich bin schon seit vier Uhr da, fünf Stunden, und zehn DM habe ich bezahlen müssen, damit ich habe hereinfahren dürfen." Er erklärt darauf: „Mag ja sein, aber die Anlieferung ist doch erst für Freitag vereinbart. So ist es ausgemacht worden unten in Italien." Davon habe ich nichts gewusst, es ist auch nichts auf dem Lieferschein vermerkt gewesen, den ich ihm gezeigt habe. Darauf hat er gemeint: „Ich habe ein Problem, ich habe heute keinen Stapler." Er hat dann in Italien angerufen und gibt mir den Hörer. Da schnattert der auf Italienisch! Ich habe kein Wort verstanden. Ich habe nur sagen können: „Pronto, ich deutsch." „Ah, uno momento," hat er gesagt. Und es hat nicht lange gedauert, da habe ich eine Frau vom Büro in der Leitung gehabt, die Deutsch gesprochen hat. Da hat sich das Missverständnis aufgeklärt. Die haben die Lieferscheine verwechselt gehabt. Ein anderer, der schon vor dem Wochenende geladen hat, sollte am Dienstag liefern und ich sollte am Freitag ankommen. So haben die in Düsseldorf am Dienstag kein Olivenöl bekommen und der, der eigentlich liefern sollte hat zu Hause gewartet, bis es Zeit wird aufzubrechen, um am Freitag anzukommen. Ich bin einfach ganz normal gefahren und jetzt bin ich dagestanden, am Mittwoch, völlig unerwartet für den Kunden und sage zu ihm: „Sie müssen die Ware annehmen." Er darauf: „Das kann ich nicht, ich habe keinen Schlüssel, den hat mein Partner und Stapler habe ich auch nicht."

Als er noch am Überlegen gewesen ist und eben hat einen Stapler organisieren wollen, damit wir abladen können, kommt wieder der Pförtner und sagt, dass ich in zehn Minuten draußen sein muss, da das Gelände abgeschlossen wird. Mit Abladen war also am Mittwoch nichts mehr. Mit dem Disponenten ist dann geklärt worden, ob ich gleich nach Neuss fahren sollte, aber dort wird nur von der Rampe aus abgeladen mit Hubwagen, also nur hinten durch die Türe und nicht seitlich mit dem Stapler. Das ist also auch nicht gegangen, da ja noch die 20 Paletten für Düsseldorf geladen gewesen sind. Es ist nichts anderes übriggeblieben, ich habe vor dem Großmarktgelände bleiben und bis Donnerstag warten müssen.

Der Kunde, er ist übrigens von asiatischem Aussehen gewesen, hat Deutsch aber ohne Akzent gesprochen, hat mir 200 DM gegeben und mich eingeladen, den Abend in Düsseldorf, an der längsten Theke der Welt zu genießen. Am Donnerstag, ich habe ein bisschen unter Haarspitzenkatarrh gelitten, ist es dann wegen des Terminfehlers auch schwierig gewesen: Es sind noch vier andere Lkw dagewesen, der Staplerfahrer hat geschwitzt ohne Ende. Da ich nicht das richtige Öl gehabt habe, denn, hat mich mein Kunde belehrt, Olivenöl ist nicht gleich Olivenöl, hat er die Lieferung nicht gleich an seine Kunden weitergeben können. Das Lager ist daher übergequollen und er hat einige Paletten außerhalb der Halle hinstellen müssen.

Dann bin ich nach Neuss gefahren. Der dortige Kunde ist ein Italiener gewesen und der hat mich furchtbar geschimpft: „Wo bleiben Sie denn? Italien ist doch nicht so weit weg!" Da sage ich: „Italien nicht, aber Düsseldorf. Die Italiener haben mir verkehrte Papiere mitgegeben." Darauf meint er, der selbst Italiener gewesen ist: „Scheiß Italiener." Dann hat er sich beruhigt und gemeint, dass es ohnehin besser ist, dass ich erst jetzt gekommen bin, da er einen Tag vorher keinen Platz gehabt hätte. Er hat abgeladen und ich habe Leergut laden und wieder nach Italien zurückfahren können.

Bestrafte Neugier

Einmal bin ich mit einem Spezialauflieger für Schüttgut mit Rüttelboden nach Italien geschickt worden. Das ist ein Auflieger mit festen Wänden, oben mit einer Plane verschlossen. In der Gegend von Ancona habe ich neongelbe Verpackungschips aus Styropor zu laden und nach Berlin zu bringen gehabt, den ganzen Auflieger gefüllt mit loser Ware, 1,8 Tonnen, das Zeug ist ja sehr leicht. Die haben oben nur eine kleine Ecke der Plane geöffnet und mit einem weiten Schlauch das Ladegut mit etwas Druck eingeblasen und als er randvoll war, die Plane darübergespannt.

Keinerlei Probleme am Brenner, weder von den Italienern noch von den Österreichern. Als ich schon fast in Innsbruck unten gewesen bin, winkt mich die Polizei heraus und will in einer kleinen Haltebucht unmittelbar nach dem Berg Isel Tunnel mein Fahrzeug kontrollieren. Auf die Frage, was ich geladen habe, sage ich ihm, dass ich Schüttgut geladen habe und dass er, wenn er den Auflieger aufmacht die ganze Autobahn sperren kann, weil dann die Chips durch den Fahrtwind der Lkw herumfliegen würden. So hat er mich zum Parkplatz bei Hall dirigiert und dann hat sich der eine Beamte die Papiere vorgenommen, die Frachtpapiere sowohl als auch die Scheiben des Fahrtenschreibers, es war alles in Ordnung.

Der andere hat inzwischen die Reifen kontrolliert und ist um das ganze Fahrzeug herumgegangen. „Der wird doch wohl nicht hinten die Tür aufmachen, denn dann verliere ich die Ladung, die ist nämlich lose und ist von oben geladen worden“, sage ich zum Beamten neben mir. „Nein, nein“, beruhigt der mich, „so gescheit sind wir schon“.

Da hören wir schon einen Fluch von hinten. Als wir hinter das Auto treten, sehen wir die Bescherung: Der andere Beamte hat doch tatsächlich die Türe hinten aufgemacht und sie ist ihm durch den Druck der Ladung wohl an den Kopf geknallt, denn er hat eine anständige Beule gehabt. Das habe ich zunächst nicht sehen können, denn es war in einem riesigen Haufen neongelber Verpackungschips nur seine Dienstmütze sichtbar. Ungefähr die halbe Ladung ist auf die Straße gequollen gewesen. Zum Glück ist es fast windstill gewesen, wäre es einer der berüchtigten Föhntage gewesen, dann hätte ich von meiner Ladung nichts mehr gefunden, vom Winde verweht hätte es dann heißen müssen. Ich meine noch zu dem Polizisten neben mir: „Na was habe ich gesagt?“ Und er meint darauf: „Jetzt bin ich schon 30 Jahre bei der Polizei auf dieser Autobahn, aber so etwas habe ich noch nie erlebt." Ich habe darauf nur gesagt: „Die Österreicher sind eben neugierig."

Wir haben hinten die Türe wieder zugemacht und dann hat sich die Frage gestellt, wie wir das Zeug wieder aufladen sollten. Das heißt, mein Problem war das ja nicht, und ich habe auch gesagt: „Ich lange das Zeug nicht an, ich habe die Türe nicht aufgemacht." Der arme Sünder hat es mit einer Schaufel probiert: Er hat eine Schaufel mit Chips gefüllt und ist dann die Leiter hinaufgestiegen, um sie oben auf den Lkw zu werfen. Bis er oben war, hat er vielleicht noch vier oder fünf von den leichten Chips auf der Schaufel gehabt, denn völlig windstill ist es natürlich nicht gewesen.

So ist es also nicht gegangen. Ich habe vorgeschlagen, eine Kehrmaschine anzufordern, mit der müsste es gehen, die Chips einzusaugen und dann wieder auf den Lkw zu blasen. So ist jemand von der Autobahnverwaltung, der ASFINAG, mit einer gründlich gereinigten Straßenkehrmaschine gekommen, einem Riesenstaubsauger, den man von saugen auf blasen umschalten konnte. Mit einem PVC-Abflussrohr ist der Schlauch verlängert und die Konstruktion mit Panzertape fixiert worden. Auf diese Weise ist es gelungen, die Chips fast restlos wieder auf den Lkw zu bringen. Anscheinend ist auch nichts zerstört oder verschmutzt gewesen. Jedenfalls hat sich der Kunde in Berlin nicht beschwert.

Diese Aktion hat fünf oder sechs Stunden gebraucht. Da hat meine Firma sogar eine Vergütung von der Tiroler Landesregierung für die lange Stehzeit bekommen.

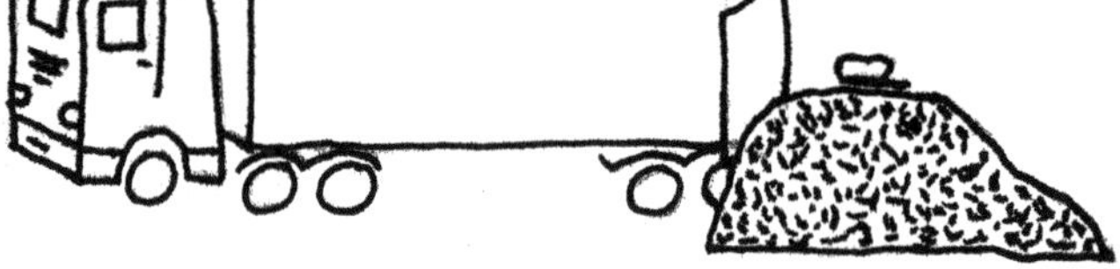

Zöllner mit langer Leitung

Ich bin in Italien gewesen und sollte in Liechtenstein, in Vaduz, Rückfracht aufnehmen. Ich bin also leer von Chiasso über den San Bernardino gefahren, wegen Blockabfertigung habe ich fünf Stunden warten müssen, und habe dann die Nachricht erhalten, dass aus der Fracht in Liechtenstein nichts wird. Da ich leer gewesen bin, ist es nicht tragisch gewesen, welchen Grenzübergang ich nehme und so ist es besser gewesen mit der Fähre von Romanshorn aus den Bodensee zu überqueren.

In Romanshorn bin ich zum Zoll gegangen, habe meine Kilometer eingeschrieben für die Gebührenberechnung und dann fragt mich der Beamte: „Was haben Sie geladen?“ Ich darauf: „Ich bin leer.“ Der Zöllner ganz erstaunt: „Sie können doch nicht leer durch die Schweiz fahren.“ Scherzhaft antworte ich: „Dann habe ich eben Kondome für Ameisen geladen und Flugbenzin damit es schneller geht.“ Darauf meint er: „Haben Sie einen ADR-Schein (Gefahrgutführerschein)?“ „Nein, den habe ich nicht, warum denn?“ „Ja wenn Sie Flugbenzin dabei haben!“ Da habe ich mir gedacht: „Ja was hat denn der, der wird wohl nicht meinen, ich rede im Ernst.“

Dann sind wir in die Amtsstube gegangen und er verlangt von mir den Fahrzeugschein, vom Auflieger und EU-Genehmigung, ADR Schein. „Was ADR-Schein. Ich weiß nicht einmal, wie der ausschaut“, sage ich zu ihm. „Ja haben sie keinen?“ „Nein“, sage ich, und da macht er in seinem Strafenkatalog schon ein Kreuzchen. Da denke ich mir, er kann das doch nicht ernst meinen, so blöd sind ja nicht einmal die Österreicher, dort habe ich das ja auch schon oft gemacht mit diesem Spruch, wenn ich leer war. Dann sagt er: „Jetzt schauen wir uns einmal die Ladungssicherung an.“ Da denke ich mir, der ist bescheuert. Wenn ich Flugbenzin fahre, dann muss ich doch einen Kesselwagen haben. Den kann ich doch nicht auf einem normalen Auflieger transportieren.

Während wir nach hinten gehen, fragt er: „Wo kommen Sie her?“ „Aus Deutschland“ „Ja, das hört man, dass Sie aus Bayern sind.“ „Ich bin nicht aus Bayern, ich bin aus der Oberpfalz“ „Wo ist denn die Oberpfalz?“ „In Bayern“. „Ich habe doch gehört, dass Sie aus Bayern sind.“ Dann habe ich also hinten aufgemacht. Wie er den leeren Laderaum sieht ist er noch hinaufgestiegen und wollte hinter den beiden Paletten nachschauen, die ich ganz vorne drin stehen gehabt habe, damit Leergut sicherer zu verstauen geht. Da sage ich ihm, ich habe einfach nicht still sein können: „Schauen Sie jetzt nach, ob sich die Ameisen da vorne verkrochen haben, oder wie?“ Da meint er beleidigt: „Wollen sie mich verhöhnen? Ich darauf: „Ich nicht, aber kann ich bitte auf die Toilette gehen, sonst geht es in die Hose.“ Da meint er verschnupft: „Warum? Machen Sie sich vielleicht über mich lustig?“ Da sage ich: „Ich nicht, aber schauen Sie sich mal Ihre Kollegen da vorne an wie die lachen.“ Er fragt noch: „Warum lachen die?“, dann ist es ihm gekommen. „Was haben Sie noch geladen gehabt?“ fragt er. Ich darauf: „Kondome für Ameisen“. Da kommt ein anderer Zöllner dazu und redet auf seinen Kollegen ein: „Hast du schon einmal gesehen, dass eine Ameise ein Kondom gebraucht? Das war doch nur ein Joke vom Fahrer.“ Darauf, gänzlich humorlos mein Zöllner: „Wollen Sie mich verhöhnen, dann bekommen Sie eine Anzeige.“ Jetzt bin ich schon arg in Nöten: „Mir ist alles egal, nur lassen Sie mich auf die Toilette, sonst ist die Hose nass. Er fragt noch neugierig: „Warum Flugbenzin?“ „Ich habe Flugbenzin im Tank, meine ich, weil ich so schnell da war.“ Darauf er: „Ach so meinen Sie das“ und dann hat er mich endlich auf die Toilette gehen lassen.

An ihrem Schreibtisch daneben ist noch eine Frau gesessen. Die hat vor lauter Mühe das Lachen zu verbeißen, keine Luft mehr gekriegt, feuerrot ist sie im Gesicht gewesen, was einen wunderschönen Kontrast zu ihrem blonden Haar ergeben hat. Es haben immer noch Kollegen auf dieses absolut humorlose Exemplar eidgenössischen Beamtentums einreden müssen, damit er von einer Anzeige wegen Verhöhnung eines Beamten im Dienst absah.

Wenn ich später wieder in Romanshorn durch den Schweizer Zoll müssen habe, beladen mit Leergut, dann haben mich die Beamten gleich durchgewinkt. Gelegentlich hat mich auch einer gefragt: „Herr Kraus, haben Sie wieder Ameisen geladen?“ Dann ich drauf: „Nein, diesmal sind es Kakerlaken.“

Als ich diese Geschichte auf unserer Weihnachtsfeier in der Firma erzählt habe, hat eine Kollegin – sie war im dritten Monat schwanger – so gelacht, dass sie meinte: „Wenn du deinen Mund jetzt nicht hältst, dann springt das Kind gleich jetzt heraus, im dritten Monat.“

Dies und das

Spiegel abrasiert

In Italien ist das gewesen, da ist mir ein Pkw entgegen gekommen, ganz schön rasant und auch extrem nahe dran an meinem Sattelzug. Der hat mir in voller Fahrt den linken Spiegel sauber abgerissen. Das hat vielleicht einen Schlag getan! Und dann fragt mich der Disponent ob ich seine Nummer gesehen habe. Die haben in Italien doch vorne nur ganz kleine Nummernschilder, das habe ich im Näherkommen nicht lesen können und danach habe ich keine Nummerntafel mehr sehen können, denn ich habe ja keinen Rückspiegel mehr gehabt.

Lenkzeitkontrolle

Einmal habe ich eine Ladung Bier von München nach Italien zu liefern gehabt. Ich bin abends bei der Brauerei angekommen und die haben mich nicht mehr beladen wollen. Ich habe dann beim Lotsenpunkt an der A8 in Obermenzing übernachtet und bin auftragsgemäß so um 7.30 Uhr wieder bei der Brauerei gewesen. Die haben dann aber erst um elf beladen, sodass ich noch lange Pause gehabt habe. Natürlich habe ich den Fahrtenschreiber auf Pause gestellt, doch irgend etwas hat sich da verstellt, vielleicht bin ich wo angestoßen. Jedenfalls hat mir dann in Italien bei einer Kontrolle ein Carabiniere 150 Euro abknöpfen wollen wegen nicht Einhalten der Ruhezeiten. Ich habe ihn mit Mühe dann doch überzeugen können. Zuerst hat er mich nicht verstehen wollen, wir haben es mit Italienisch (das ich nicht kann) und mit Englisch (das ich nur schlecht kann und der Polizist war da auch nicht so gut) versucht, doch dann hat er doch Deutsch verstanden und schließlich hat es geheißen „Gute Fahrt“ und ich habe ohne unangenehme Folgen weiterfahren können.

Blech im Tiefschnee

Es war im Jahr 2006, als es so heftig geschneit hat, dass in Oberbayern und im Bayerischen Wald meterhoher Schnee von den Dächern geräumt werden musste, damit sie nicht zusammenbrechen und die Eislaufhalle in Bad Reichenhall tatsächlich zusammengebrochen ist. Bei solchen Witterungsverhältnissen habe ich eine Ladung Bleche zu einem Stahlbaubetrieb in Oberbayern bringen müssen. An der Straße ist ein Gehöft gelegen und dahinter, getrennt durch einen breiten Hof, der Stahlbaubetrieb. Wegen des Schnees habe ich mich nicht getraut, in den Hof zu fahren, damit ich dort nicht steckenbleibe und bin auf der Straße stehengeblieben, die zwar durch Schneefräsen freigemacht worden war, aber so schmal, dass ich die Türe meines Lastzuges nicht mehr so weit aufbringen konnte, dass mein Kulturkörper durchgepasst hätte. So habe ich das Fenster heruntergekurbelt und bin auf die Schneewand hinaus gestiegen, die mich gut getragen hat und bin durch den Garten zum Haus gegangen. Ich soll ruhig in den Hof fahren, dort wird dann einer kommen zum Abladen, hat es geheißen. Das hat auch funktioniert und es ist genug Platz da zum Wenden gewesen, aber die Schneeketten habe ich auflegen müssen, denn ohne das Gewicht der Ladung, haben die Reifen nicht mehr genug Griff gehabt und wären durchgedreht. So ist es dann einigermaßen gegangen und ich bin wieder auf die Straße heraus gekommen.

Schweizer Zoll: Mehr als genau

Ich habe Leergut aus dem Raum Stuttgart nach Italien zu bringen gehabt, Mineralwasserflaschen. Natürlich bin ich durch die Schweiz gefahren, mit der Fähre über den Bodensee von Konstanz nach Kreuzlingen. Für Leergut braucht man keine besonderen Papier und zu kontrollieren gibt es auch nichts, also müsste ich den Schweizer Zoll in wenigen Minuten passieren. In Kreuzlingen hat sich die Sache dann aber ganz anders dargestellt. Die haben doch tatsächlich überprüft, ob ich wirklich nur leere Flaschen geladen gehabt habe. Meinen Vorschlag, dass ich auf die Waage fahren könnte, damit sie schneller Bescheid wüssten, haben sie abgelehnt. Zwei Mann haben an der Rampe mit einem Hubwagen jede einzelne Palette herausgekarrt und nachgeschaut, ob nicht doch eine volle Flasche dabei gewesen ist. Fünf volle Flaschen haben sie gefunden auf den 22 Paletten, die ich geladen gehabt habe. Erst als sie ungefähr die Hälfte durchgeschaut gehabt haben, also so 12 bis 15 Paletten, haben sie sich zufriedengegeben und haben mich weiterfahren lassen. Statt Minuten haben die Grenzformalitäten auf diese Weise fünf Stunden gedauert.

Haben Ihnen die Geschichten gefallen?

Haben Sie als Kraftfahrer vielleicht auch skurrile, lustige oder gefährliche Erlebnisse gehabt, die Sie gerne anderen erzählen möchten?

Vielleicht können sie besondere Geschichten zum Besten geben, die sie als Fahrer von Gefahrguttransporten, als Tankzugfahrer oder als Transporteuer von Sprengstoff erlebt haben.

Vielleicht haben Sie als Fahrer für Großbaustellen berichtenswerte Erlebnisse gehabt oder können vom Leben als Kraftfahrer beim Militär berichten.

Vielleicht können Sie von merkwürdigen Erlebnissen und interessanten Menschen im Bereich des Showbusiness berichten, wenn Sie Material für Theater, Film und Showbühnen oder einen Zirkus fahren

Was auch immer Sie als Fahrer erlebt haben, garantiert sind da lesenswerte Geschichten dabei, die aufgeschrieben werden sollen.

Wenn das so ist, dann melden Sie sich bei mir, dann machen wir einen weiteren Band der Truckergeschichten!

Schicken Sie mir eine E-Mail unter
info@schnelle-feder.de
oder rufen Sie mich an unter
+49 (08402) 7498

Verfassen und
Redigieren
von Texten
aller Art

Die schnelle Feder
schnell, zuverlässig, treffend